Y. 7c.67.

Yc   5084

TRADUCTION LIBRE DE LUCRECE.
TOME PREMIER.

par M. Panckouke,
Libraire à Paris.

TRADUCTION LIBRE DE LUCRECE,

par Panckoucke (Ch. Jos.)

Avec un Discours Préliminaire.

TOME PREMIER.

A PARIS,

Et se trouve A AMSTERDAM,

Chez CHATELAIN.

M. DCC. LXVIII.

DISCOURS
PRÉLIMINAIRE.

LE Poëme dont je donne aujourd'hui la traduction, est la fameuse philosophie d'Épicure, soutenue dans Athenes au milieu des Sages de la Grece : philosophie adoptée dans la suite avec tous les transports de l'enthousiasme par le Poëte Lucrece dans le temps des troubles de Rome; philosophie renouvellée, défendue & corrigée presque de nos jours par le célebre Gassendi, & dont les principes ont été adoptés depuis par l'immortel Newton avec des modifications & des restrictions nécessaires.

Je n'ai point craint de rendre avec toute la clarté dont je suis capable, cette philosophie téméraire, contenue dans l'ouvrage le plus hardi qu'aucun mortel ait jamais osé composer. Aucun philosophe, en effet, n'a jamais parlé des Dieux avec plus d'audace : non-seulement Lucrece nie leur providence; mais il assure qu'ils ne sont pas les créateurs & les conservateurs de l'univers. De quels Dieux aussi parle-t-il ainsi ? De Jupiter qui prenoit toutes sortes de figures pour satisfaire ses passions; qui prit la forme d'un taureau pour enlever Europe; qui se transforma en pluie d'or pour séduire Danaé, en aigle pour ravir le jeune & beau Ganimede; de ce même Jupiter qui commit un inceste avec sa sœur Junon, dont il fit ensuite sa femme; de Junon qui jalouse du jugement de Paris, conjura la perte de tous les Troyens; de Venus dont les temples étoient ouverts à la prostitution, & qui non contente de prodiguer ses faveurs dans l'Olympe, descendoit sur la terre pour varier ses plaisirs; de Mercure qui servoit tout-à-la-fois de décroteur, de maître-d'hôtel & d'échanson au maître des Dieux, & qui pour s'amuser faisoit le métier de voleur parmi les hommes. Cette théologie pouvoit prêter des images riantes à l'imagination toujours tendre & facile des Poëtes; mais elle ne pouvoit que blesser la raison sévere d'un philosophe aussi su-

PRÉLIMINAIRE. iij

blime que Lucrece. D'ailleurs, iì les Romains ont vu fans s'allarmer paroître un ouvrage qui détruifoit leurs Dieux, fouloit aux pieds leur religion, qu'aurions-nous à en craindre aujourd'hui, lorfque Dieu même a daigné nous inftruire fur nos devoirs ; lorfque la lumiere pure & facrée de la révélation nous éclaire ; que la raifon a fait de toutes parts d'immenfes progrès, & que l'étude approfondie de la nature nous a fait voir de toutes parts les traces d'une caufe intelligente & toute-puiffante.

J'ai fait cette traduction avec toute la liberté dont on doit fe fervir, quand on veut rendre claire & intelligible une philofophie ancienne & très-obfcure : la plupart des perfonnes qui lifent Lucrece femblent né faire cas que de quelques élégantes defcriptions, de quelques tableaux pittorefques, de quelques maximes de morale ; ce font ces morceaux fur-tout qu'elles fe plaifent à citer, mais j'ai cru devoir m'attacher davantage au fond des idées, au corps du fyftême. Lucrece ne doit point être regardé comme un auteur fimplement agréa-

a ij

ble & élégant, mais comme un Philosophe profond & sublime qui renferme les vues les plus générales sur la nature, qui embrasse son objet d'un seul coup d'œil, & qui déduit avec beaucoup d'art, de méthode, l'explication des phénomenes, des principes qu'il a établis.

C'est cette partie philosophique & systématique que j'ai sur-tout travaillée avec le plus de soin, je me suis toujours beaucoup plus attaché à rendre le sens que les mots, les idées que les phrases; Lucrece d'ailleurs répete souvent les mêmes choses; quand une comparaison lui plaît, il ne craint pas de l'employer jusqu'à quatre & cinq fois; souvent serré & concis, beaucoup plus souvent diffus, il délaye ses idées dans un flux de paroles; il y revient, il les répéte sans cesse. J'ai donc cru devoir supprimer les répétitions, abréger ou reserrer ses idées pour les rendre avec plus de clarté. J'ai retranché en entier dans le premier livre les systêmes d'Empedocle, d'Anaxagore, &c. que Lucrece n'expose que pour les réfuter : l'exposition de ces systêmes m'a paru aujourd'hui indifférente à celui d'Epicure; ils ne peuvent servir ni à l'établir, ni à le réfuter. Dans le second & dans le troisieme livre j'ai donné par extrait quelques branches de cette philosophie épicurienne, qu'il n'étoit guere possible de faire comprendre autrement. J'en ai usé de même dans le quatrieme livre à l'égard de la doctrine ingénieuse, mais assez obscure des simulacres.

Je n'ai point fait de changement ou très-peu dans le cinquieme & surtout dans le sixieme livre, que j'ai même traduits assez littéralement; car quoique la plupart des explications de ces livres soient fausses & même dénuées de vraisemblance, j'ai cru devoir les laisser subsister, parce qu'elles découlent naturellement des principes, & qu'elles font voir la méthode de l'auteur pour l'explication de phénomenes & de faits aussi compliqués.

J'ai évité aussi autant que j'ai pu de me servir des mots surannés de l'ancienne philosophie, comme d'atômes, d'éléments crochus, &c. car la plupart des systêmes philosophiques prêtent souvent plus au ridicule par les termes qu'on y employe, que par la singularité des idées qu'ils peuvent renfermer.

Quelque clarté cependant que j'aie tâché de répandre dans cet ouvrage, je doute que cette philosophie ne paroisse encore fort obscure à bien des personnes; nous ne sommes plus à l'unisson de ces idées, si l'on peut parler ainsi; ceux qui vivoient du temps d'Epicure ou de Lucrece entendoient à demi-mot, parce que ces matieres faisoient le sujet des conversations de ce temps, & qu'on étoit à portée de se faire expliquer, ou développer les endroits qui pouvoient paroître obscurs. Il en sera de même un jour de la philosophie de Descartes ou de toute autre; ceux qui viendront après nous auront plus de peine à l'entendre, parce que cette philosophie ayant passé de mode, bien des choses qui pouvoient paroître claires, parce qu'elles étoient expliquées ou discutées, ne le paroîtront plus. Ce sera le sort de toute philosophie qui n'aura pas pour base la vérité; car elle seule est éternelle, immuable, claire, intelligible, & peut-être que le caractere qui peut servir à la faire reconnoître le plus aisément, c'est que dès qu'elle se présente, elle paroît avec tant de clarté qu'on n'a pas besoin de la désigner ni de la faire remarquer.

Mais en exposant la doctrine téméraire de ce célèbre philosophe, je craindrois qu'on ne m'accusât de l'adopter, si je ne m'appliquois à la réfuter. Pour y répondre de la maniere la plus solide, j'ai cru qu'il suffiroit de démontrer par le spectacle de la nature, que la matiere n'avoit jamais pu en se réunissant, établir d'elle-même & sans le concours d'une cause intelligente, les rapports & les convenances que nous voyons tant dans les grandes masses de l'univers, que dans les plus petites parties : c'est l'objet de la premiere partie de ce discours. Je donne dans la seconde les preuves de la spiritualité de l'ame : j'ai tâché d'en former un corps d'objections qui répondent aux arguments du troisieme livre de Lucrece. J'ai présenté ces preuves de l'existence de Dieu & de l'ame de la maniere la plus générale ; car il me semble qu'on n'a point toujours été assez délicat sur le choix de ces sortes de preuves, & que souvent même on en a fait un abus.

Je n'ai point cru devoir entrer dans le détail des objections particulieres que l'on peut faire contre ce système. Il m'a paru qu'il étoit fort inutile de répondre à la doctrine des simulacres, de prouver qu'aucun être vivant ou végétant ne pouvoit se former de la corruption; que la terre dans sa premiere jeunesse avoit formé les germes de toutes les especes d'animaux; que des fleuves de lait couloient alors pour la nourriture de ces premiers nés; que les globes célestes ne sont pas plus grands qu'ils ne le paroissent; que le soleil s'éteint toutes les nuits, qu'il reparoît tous les matins allumé derriere les montagnes; que les éclipses pourroient être produites par l'enfoncement des astres dans quelques cavernes, &c. On peut consulter à ce sujet l'anti-Lucrece du Cardinal Polignac, ouvrage écrit avec autant de solidité que d'agrément, & auquel on ne peut reprocher que d'avoir quelquefois opposé des erreurs grossieres à des erreurs absurdes; comme d'admettre le plein, la matiere subtile de

Descartes, le systême des tourbillons; d'avoir dit que les animaux ne sont que de simples automates, que toutes leurs opérations peuvent s'expliquer facilement par les loix de la méchanique; d'avoir dit encore que chaque espece d'animaux ou de végétaux n'est que le développement d'un germe unique, qui dès l'origine du monde renfermoit tous les individus qui sont nés & à naître, &c.

Je n'ai employé dans tout ce discours que des preuves sensibles & physiques; elles me paroissent préférables aux preuves métaphysiques, toujours susceptibles de divers sens, & dont toute la force ne consiste le plus souvent que dans la sagacité de celui qui sait les employer. Il n'y a peut-être pas un seul argument métaphysique auquel on n'ait fait des objections très-solides. C'est de cette science vaine & inutile qui tire tout son orgueil de l'obscurité de ses principes, que viennent presque toutes les erreurs, la différence des jugements entre les savants; la diversité de leurs opinions; c'est elle qui faisant perdre sans cesse de vue les objets sensibles, a entraîné les plus beaux génies dans un dédale de difficultés insurmontables. On a vu une secte de Philosophes engagés sous ses drapeaux, douter de leur existence. Elle a créé les formes plastiques, les monades Léibnitiennes, l'harmonie préétablie ; elle a fait naître toutes les disputes sur le vuide, l'espace, la durée, le temps, &c. elle exalta l'ame de Platon, a de nos jours rendu inutile le beau génie du pere Malbranche. N'est-ce pas par de vaines subtilités métaphysiques que cette multitude de sectes, d'erreurs, de schismes, d'héréfies qui se sont élevées dans le sein du Christianisme, se sont accrues & fortifiées. C'est cette science obscure qui se mêlant à nos études, les a corrompues, en a retardé les progrès, & a pendant long-temps obscurci & étouffé les lumieres naturelles de la raison.

N'est-ce point en raisonnant d'après ses principes & d'après des idées de l'Etre parfait, que des Philosophes ont conclu que Dieu n'étoit pas l'auteur de la nature, parce qu'il y avoit de l'imperfection dans son travail ? N'est-ce pas en raisonnant d'après de vaines idées de la substance, que Spinosa conclut qu'il n'y avoit qu'une seule substance dans le monde? C'est la méthaphysique qui a fourni des arguments avec lesquels on a prétendu détruire la liberté; c'est cette science qui portant ses erreurs jusques sur les beaux arts, a fait du beau, du goût, des qualités relatives, arbitraires; c'est du sein ténébreux de cette science enfin que se sont élévés les systêmes les plus monstrueux: elle a corrompu les sources sacrées de la morale; elle a fait de la politique une science cruelle, & a élevé des doutes sur les choses les plus claires & les plus simples.

En vain prétend-on que ce sont les abus de cette science qui en ont fait une source d'erreurs; que la méthaphysique peut être utile quand on fait la renfermer dans de justes bornes, je répondrai que l'abus a toujours été inséparable de l'usage, puisque dans tous les temps ceux qui s'en sont servi, se sont toujours égarés & ont tombé dans des difficultés insurmontables. On n'est peut-être redevable à la métaphysique que d'une seule vérité, c'est qu'il n'y a point d'idées innées; cependant si l'on veut prendre la peine d'examiner ce que Locke a dit sur ce sujet, on verra que c'est moins le fil de ses raisonnements qui le prouve, que les expériences & l'observation que l'on peut faire sur le développement des idées d'un enfant qui vient de naître, & sur l'impossibilité qu'il y auroit que les idées les plus générales fussent différentes, si ces idées étoient innées, car un Lapon, dans cette supposition, devroit avoir les mêmes idées générales que l'Européen le plus instruit.

PREMIERE PARTIE.

C'Est principalement en examinant l'ordre & l'uniformité qui regne dans toute la nature, que l'on peut avoir des preuves de l'existence de Dieu. Si le désordre regnoit dans l'univers physique, si ces globes qui roulent sur nos têtes n'étoient pas assujettis à un mouvement réglé & périodique; si tous les êtres animés qui

PRÉLIMINAIRE. xiij

compofent notre petite terre, n'avoient entre eux aucun rapport; fi toutes les productions de la nature étoient tellement variées qu'elles ne conferva{f}fent entre elles aucune reffemblance; on pourroit croire que cet univers eft le produit du hazard; mais fi le fpectacle de la nature entiere montre un plan tracé, fuivi, intelligent; fi tous les phénomenes font liés les uns avec les autres; fi la ftructure & la conformation tant intérieure qu'extérieure de l'homme & des animaux nous fait voir des rapports entre eux, nous devons être perfuadés que des éléments de matiere, infenfible & fans intelligence, n'ont pu produire des affemblages auffi parfaits & des rapports raifonnés dans la maffe & dans toutes les parties. Pour mieux nous en convaincre, entrons dans quelque détail à ce fujet.

On ne peut douter qu'il y a un efpace vuide où la matiere & les corps fe meuvent. Sans cet efpace vuide, il eft impoffible de concevoir le mouvement d'aucun corps, & d'expliquer aucun des phénomenes de la nature. Des éléments de matiere doivent avoir un mouvement néceſſaire dans un eſpace vuide, ils doivent ſe mouvoir en ligne droite, ſe diriger tous les uns auprès des autres ſuivant des lignes paralleles ſans jamais ſe joindre ni s'accrocher; comment en effet pourroient-ils ſe mouvoir autrement? Un corps qui ſe meut dans un eſpace libre, ne peut avoir d'autre direction qu'une ligne droite, la rencontre même d'un obſtacle qui l'obligeroit à ſe réfléchir ſe porteroit encore ſur une ligne droite; tout autre mouvement comme celui de déclinaiſon, d'inflexion, d'attraction, n'eſt donc point le mouvement propre de la matiere premiere, c'eſt un mouvement ſecondaire imprimé aux éléments par une main divine, & quand il n'exiſteroit aucune des merveilles des choſes d'ici-bas; ce mouvement contraint des corps de la matiere qui ſe ſoutiennent, ſe balancent, & parcourent avec majeſté des orbes immenſes ſur la voûte des cieux, feroit une premiere preuve phyſique de l'exiſtence d'une cauſe premiere intelligente qui a imprimé ce mouvement à la matiere.

Mais combien d'autres merveilles

sur la terre & dans le ciel prouvent que ce monde n'est point l'effet du hazard. Des milliers de soleils qui gardent toujours entre eux la même distance, couvrent l'immense étendue de l'espace des cieux ; les planetes sont assujetties à un cours constant & périodique, elles se meuvent toutes dans le même sens, presque dans la même place & dans des orbites à-peu-près semblables ; tous ces astres sont liés & enchaînés les uns avec les autres, la terre correspond avec le soleil & la lune ; le soleil par sa chaleur éclaire, échauffe, fait naître les productions des saisons différentes. La lune en se balançant sur l'atmosphere de la terre, assujettit les eaux de la mer à un mouvement réglé, si ce balancement n'avoit point été mesuré avec intelligence, cet astre nous nuiroit plutôt que de nous servir ; plus près de la terre, il enferreroit l'atmosphere, comprimeroit les ondes de la mer, leur feroit franchir leurs rivages, rompre leurs digues & ne feroit de la terre qu'un immense marais. Si la distance de la terre au contraire étoit plus considérable, elle ne répandroit qu'une lumiere très-foible, l'air n'auroit point d'élasticité, la mer seroit sans mouvement, & les animaux n'auroient pu ni vivre, ni respirer.

Supposons que des particules de particules de matiere, en se mouvant dans l'espace, aient pu dans la suite des âges, en multipliant leurs combinaisons à l'infini, former des assemblages, peut-être des ébauches d'êtres vivants & organisés, comment auroient-elles pu produire tant de monde divers, tant de productions différentes; ce qui n'est pas intelligent peut-il créer des choses qui le soient? L'univers n'a point été fait par parties. Un siecle n'a point vu se former le soleil, un autre siecle la terre, un autre siecle encore les hommes & les animaux. Le monde a été fait d'un seul jet dans un intervalle très-court. Toutes les grandes masses de cet univers ont dû être formées dans le même-temps pour subsister & ne pas retomber dans l'anéantissement. La distance où les astres sont à l'égard les uns des autres, ne peut donc être que l'effet d'un dessein prémédité, d'un être intelligent; éloignez la terre du soleil, un

PRÉLIMINAIRE. xvij

froid mortel y fera tout périr; rapprochez-la, une chaleur brûlante confumera tout & dévorera fa fubftance.

Mais fi le fpectacle du ciel eft magnifique, fi la vue de tant de corps qui dépendent les uns des autres, qui fe preffent, qui s'attirent, qui fe balancent, a de quoi frapper & ravir notre admiration, la confidération de la ftructure du corps des animaux n'eft point moins merveilleufe; le jeu de tant d'organes qui fe répondent; la foupleffe, l'emboîtement des parties, la beauté du méchanifme intérieur, la correfpondance entre toutes les parties; le deffein exquis de l'ouvrage nous fait voir qu'un tel chef-d'œuvre ne peut être l'effet d'aucune loi du mouvement. Des éléments qui fe réuniront par hazard pourront, fi l'on veut, former des blocs de pierres ou de marbre, parce que ces corps ne font que le produit d'une matiere plus ou moins ferrée, mais ils ne pourront l'organifer, former dans l'intérieur des corps qu'ils compofent des os, des nerfs, des mufcles, des veines, &c. Ils ne pourront pas établir de l'ordre & de la convenance entre toutes ces parties, ils ne pourront pas leur assigner à chacune leur fonction, determiner leur usage; ils ne pourront pas mettre ces parties intérieures en correspondance avec les parties extérieures : un animal, une plante n'est point un composé d'éléments semblables, chaque partie a une forme, une figure différente; elles sont dessinées & construites avec beaucoup d'art : ce n'est point une simple addition de petites surfaces; c'est une pénétration intime des éléments combinés & distribués avec une sagesse infinie.

Si l'on observe de l'ordre, de l'harmonie, de l'intelligence dans chacune des productions de la nature, considérées séparément, on les retrouve encore, lorsque l'on vient à les comparer toutes entr'elles; car tous les êtres ne composent qu'une longue chaîne qui descend par degrés de l'animal le plus composé à celui qui l'est moins, de celui-ci à un autre qui l'est encore moins, & ainsi de suite. Les individus qui se suivent dans cette chaîne, n'ont entr'eux que quelques légeres différences; les parties essentielles à la vie se conservent d'un bout de la chaîne à l'autre, & ce qu'il faut bien remarquer, c'est que ces parties communes sont semblablement placées dans cette suite d'individus. Dans les animaux qui ont de la chair & du sang, ces parties sont le cœur, les intestins, les poumons, &c. elles occupent relativement la même place dans chaque animal. Il y a encore d'autres parties aussi essentielles : ce sont les grosses parties du squelette qui se conservent, quoique différemment modifiées, depuis l'homme jusqu'aux plus petits insectes. Les côtes, par exemple, se trouvent dans tous les quadrupedes, dans les oiseaux, dans les poissons, & on en suit les vestiges jusques dans la tortue où elles paroissent encore dessinées sous les sillons qui sont sous son écaille. L'homme à ne considérer que son corps, a du rapport avec le singe, celui-ci avec un autre animal, & ainsi de suite. Que l'on compare le corps d'un cheval à celui de l'homme, on observera quelques rapports entre leurs parties tant internes qu'externes; l'un & l'autre sont composés de parties solides qui ont entr'elles beaucoup d'analogie. Le squelette du cheval n'est que celui de l'homme qui a passé par des variations & des changements successifs; l'un & l'autre ont un cœur, des poumons, des veines, des arteres, des nerfs; toutes ces parties sont semblablement placées dans chaque animal. Si l'on compare les parties extérieures, on y découvrira d'autres rapports. Qu'on compare l'homme au plus petit insecte, ces rapports seront moins sensibles, parce que ce dernier dans la chaîne des individus est très-éloigné de l'homme.

De tous ces faits on tire naturellement une preuve nouvelle de l'existence de Dieu; car puisque tous les êtres qui nous environnent, forment une longue chaîne qui descend par degrés de l'animal le plus composé à celui qui l'est moins; cette chaîne qui forme un tout régulier & constant, ne sauroit être le produit du concours aveugle des éléments, ou l'effet de quelques forces motivées, ou, pour le dire en général, elle ne sauroit être l'effet du hazard; car la méchanique du hazard est aveugle. Les métamorphofes continuelles qu'il produiroit, (fuppofé qu'il fût créateur de l'univers) fe montreroient fous mille formes différentes, qui n'auroient entre elles aucune analogie ni rien de commun, il ne pourroit tout au plus produire que des furfaces; il n'agit pas dans l'intérieur des corps, il ne fauroit les pénétrer, les façonner au dedans; quand on accorderoit qu'il pourroit produire des fels, des criftaux, on n'en feroit pas plus avancé; ces corps ne font compofés que de petits corps femblables, de furfaces appliquées les unes fur les autres; mais les corps organifés des animaux, des végétaux font compofés de parties diffemblables & différentes entre elles, tous les individus ont entre eux quelque reffemblance, ils confervent d'un bout à l'autre d'une maniere caractéristique, des parties communes qui les lient les uns avec les autres. Cette chaîne d'êtres fucceffifs, d'individus femblables, ne fauroit donc être que l'effet d'une intelligence fuprême, intelligence qui a créé la matiere premiere, dont elle a formé un premier modele. De ce modele elle en a tiré les deux premiers de chaque espece d'animaux, & les variant d'une infinité de manieres différentes, elle a formé successivement toutes les especes d'animaux que nous observons dans la nature. L'homme qui ne fut que la derniere modification de ce premier dessein, fut choisi pour commander & dominer sur toute la terre.

A ces preuves générales de l'existence de Dieu, on peut en joindre d'autres qui le sont moins, comme celles que l'on tire des causes finales. Une cause finale est le but, la fin, l'objet qu'un être intelligent se propose dans les choses qu'il conçoit ou qu'il exécute. Les hommes comme êtres intelligents, ont leurs causes finales. Dans tout ce qu'ils font, dans tout ce qu'ils entreprennent, ils doivent avoir un but, un objet. Quand un Architecte bâtit une maison, il en proportionne la grandeur au nombre des personnes qui doivent l'occuper, les fondations sont relatives à la nature du sol, à la hauteur & à la masse du bâtiment, les appartements sont distribués suivant l'usage qu'on leur attribue, tout y doit être commode,

PRÉLIMINAIRE. xxiij
riant, agréable, bien proportionné : il en est de même de la nature, toutes ses productions ont du rapport, de la liaison les uns avec les autres, il regne une harmonie générale dans l'ensemble, de l'accord & de la convenance dans toutes les parties, on doit donc en conclure qu'elles ont été faites l'une pour l'autre, qu'elles ont été construites à dessein par un être intelligent. Nous ne doutons pas que les ouvrages des hommes ne soient faits suivant certaines vues, & nous pourrions douter que les ouvrages de la nature, qui leur sont infiniment supérieurs, aient été produits sans aucune vue morale ? C'est l'abus des causes finales qui a affoibli ce genre de preuves ; car de même que nous faisons une infinité de choses sans vue, sans dessein, sans presque y penser, il est certain qu'il y a une infinité de choses dans la nature qui n'ont point été faites dans la vue de notre utilité ou de notre commodité ; les cavernes dans les rochers ne sont point construites pour la retraite des bêtes farouches ; les pierres ne viennent point exprès sur le bord des grandes routes

pour la facilité d'en construire les chemins; la laine n'a point été donnée aux moutons pour nous couvrir, puisque les premiers moutons n'avoient point de laine, & qu'ils n'ont que du poil dans les climats du nord & du midi. Pour juger de la vérité d'une cause finale, il faut que son effet soit généralement & constamment le même; ainsi comme dans tous les temps & dans tous les lieux, tous les animaux se sont servis de leur estomac pour digérer, de leurs yeux pour voir, de leurs mains pour toucher, on peut & on doit en conclure que ces parties ont été construites dans ce dessein par l'auteur de la nature.

Il existe donc une cause intelligente qui a créé tout le fonds de la matiere premiere, qui lui a donné le mouvement, qui l'a ensuite réunie & combinée pour en former tous les corps de l'univers. Puissance immense, infinie, source éternelle de toutes les existences, c'est elle qui a créé le ciel, la terre, la mer, les plantes, les animaux, elle veille sur toutes les especes; elle maintient, elle conserve les individus; son pouvoir est immense
sur

fur toute la nature; d'un clin d'œil, l'Éternel voit le préfent, le paffé, le futur; infini comme l'efpace, il en occupe tous les points. La nature entiere eft une preuve toujours conftante & vivante de l'exiftence de ce premier moteur; tout y porte l'empreinte & les marques de fon effence divine, les cieux font enchaînés avec la terre, la terre a du rapport avec les hommes, les hommes avec les plantes, & celles-ci avec les minéraux. Le fpectacle de l'univers nous fait donc voir un plan deffiné avec fageffe, des vues générales, des caufes finales, un enchaînement de combinaifons, foumis à une caufe premiere & intelligente.

SECONDE PARTIE.

Nous avons dit dans le commencement de ce Difcours qu'il y a un efpace vuide, que la matiere en fe mouvant dans cet efpace, n'auroit eu qu'une direction en ligne droite & fur des lignes paralleles, que les élémens avoient un mouvement d'inflexion ou d'attraction ; que c'étoit ce mouvement secondaire qui forçoit les planetes à décrire des orbes autour d'un même centre ; que tous les êtres de la nature avoient des rapports les uns avec les autres ; que tous les animaux avoient des parties semblables & communes : nous avons conclu des rapports & des convenances qu'il y a dans l'universalité des choses & dans chacune des parties, que le monde étoit soumis à un Etre suprême. Nous allons rechercher maintenant s'il existe dans l'homme un être distinct & séparé de son corps, ou plutôt si la matiere en s'organisant peut acquérir la liberté de penser, de vouloir, de se déterminer; mais de même que pour juger du mouvement d'une montre ou d'une machine quelconque, il faut la décomposer & en examiner chaque partie séparément, faisons un court examen de toutes celles qui composent le corps humain. Si chacune des parties qui le forment, a une fonction qui lui soit particuliere, nous serons convaincus que la pensée n'est pas celle qui lui appartient.

Les os sont les parties solides du corps, ils servent de base & de point d'appui à toutes les parties molles, c'est la charpente de la machine; les téguments en sont les enveloppes; les muscles donnent le mouvement & l'action à toutes les parties, ils sont les principes de la force; le cœur est au corps ce que le balancier est à une pendule, il en regle, modifie les mouvements & les ressorts; la poitrine, les poumons sont les organes de la respiration; d'autres grandes parties, comme l'œsophage, l'estomac, la vésicule du fiel, sont destinées les unes à donner passage aux aliments, les autres à les broyer & à en faciliter la digestion; les aliments broyés & réduits en petites parties, sont portés par différents canaux dans le sang qu'ils servent à renouveller & à rafraîchir; le sang lui-même charié par d'autres vaisseaux se distribue en une infinité de petits rameaux qui aboutissent aux extrémités de toutes les parties du corps, & sert à leur accroissement & à leur entretien; les nerfs qui viennent aboutir à tous les points de la surface du corps, étant formés de la matiere la plus ductile & la plus déliée, font destinés à recevoir toutes les impressions du dehors, ils font les organes du sentiment; le cerveau sert à les nourrir & à les entretenir; nos sens ont la faculté de recevoir l'impression de la forme, de la masse, de la couleur des objets. Les qualités sensibles des corps, comme le son, la chaleur, la dureté agissent sur eux, ils sont les miroirs où les objets se réfléchissent; mais ils n'ont pas la puissance de comparer les impressions qu'ils reçoivent, ils ne peuvent pas raisonner sur leurs qualités ni en tirer des résultats généraux; car les impressions que reçoit chaque sens étant différentes, il faut donc qu'il y ait dans le corps un être qui compare les sensations que reçoit l'œil avec les sensations que reçoit l'oreille, puisque cette comparaison a lieu, & quel être corporel pourroit comparer des choses qui ne le font pas? Si les sens d'ailleurs faisoient les fonctions de la pensée, il faudroit de toute nécessité que la perte d'un œil ou de quelqu'autre sens apportât du changement dans nos idées, ce qui n'arrive pas. Si la pensée étoit une qualité inhérente à la matiere, comme on l'a prétendu, rien ne pourroit altérer ou modifier cette qualité : la matiere d'un élément ne peut changer, quelque foit fon emploi dans la compofition d'un corps. La matiere eft également pefante, impénétrable, indivifible, foit qu'elle foit l'élément d'un arbre ou d'un puceron. La penfée feroit donc toujours la même dans le même être; mais à combien de jugements, de façons de penfer différentes n'eft-on pas expofé dans la jeuneffe, dans l'âge mûr, dans la vieilleffe? A combien même de variations n'eft-on pas fouvent livré du foir au matin? Mais puifque nous comparons les objets que nos fens nous tranfmettent, que nous généralifons nos fenfations, que nous faifons abftraction des êtres fenfibles, que nous nous élevons à des idées abftraites & générales; que nous fommes les inventeurs des arts & des fciences, que nous les avons étendus & perfectionnés; que nous raifonnons fur la nature des corps, fur le temps, l'efpace, la durée, il faut donc convenir que toutes ces opérations qui sont le produit de nos sensations comparées, ne peuvent appartenir à des organes corporels, & sont les attributs d'un être distinct & séparé de la matiere.

Si la pensée n'étoit que le résultat de la combinaison des organes corporels, l'esprit pourroit-il se représenter tant d'objets à la fois ? La vue pourroit-elle s'étendre sur la terre, la mer, le ciel ? Comment tant de sensations, tant d'idées différentes pourroient-elles être saisies & retenues par des organes matériels ? Le cerveau qui n'est qu'une substance molle, une espece de mucilage, pourroit-il conserver les empreintes de tant d'images, de tant d'objets divers qui frappent & agissent sur nos sens à la fois ? Comment peut-on assurer que les images des objets extérieurs se peignent tout entier sur un organe matériel ; il faudroit donc dire alors qu'il émane de tous les corps des images légeres qui pénetrent par nos sens, & qui vont s'imprimer sur cet organe. Mais comment tant de simulacres ne seroient-ils pas effacés les uns par les autres ? Tant d'images ne se confondroient-elles pas ? Les dernieres ne seroient-elles pas obscurcies par les premieres ? Et comment l'esprit pourroit-il aller sur le champ prendre ses idées dans la confusion & le mélange de tant d'objets différents ? Le cerveau n'est donc point un centre de réunion où toutes les images viennent se peindre, ce n'est qu'un organe de sécrétion ; c'est la terre des nerfs, comme l'a fort bien démontré un des plus célebres philosophes de notre siecle. Mais puisque le cerveau n'est point le réservoir de nos idées, & qu'aucune partie du corps ne peut l'être, il y a donc un être distingué du corps, qui est le centre de toutes nos perceptions.

Si l'ame étoit formée d'éléments matériels, l'homme seroit l'esclave de ses pensées, il ne jouiroit d'aucune liberté, il seroit entraîné nécessairement par l'impression des objets extérieurs, car tout ce qui est corps ou matiere est soumis & enchaîné par des loix physiques, nécessaires, immobiles : mais si nous ne doutons pas de notre liberté, * si nous som-

---

* Pour entendre la plupart des objections suivantes, il faut lire les arguments du troisieme livre de Lucrece auxquels ces objections répondent.

mes intimement persuadés que nous avons le choix de vouloir & de ne pas vouloir ; si nous pouvons agir, faire & nous déterminer à notre gré, nous ne pouvons douter que cette qualité ne peut appartenir à la matiere, puisqu'elle est toujours mue & entraînée nécessairement. Lucrece & les Épicuriens avoient prévu cette objection, & comme ils ne doutoient pas de leur libre arbitre, ils avoient imaginé pour l'expliquer d'attribuer aux éléments des corps un mouvement de déclinaison ou d'inflexion, de sorte que la matiere étant entraînée nécessairement dans le vuide, suivant des lignes paralleles, est détournée tant soit peu de sa direction par ce second mouvement : mais si ce premier mouvement, comme le suppose Lucrece, est nécessaire, éternel, immuable ; si les éléments parcourent de toute éternité des lignes droites dans l'espace, pourquoi ce mouvement d'inflexion ne seroit-il pas aussi nécessaire ? Les forces dans les principes des corps ne sauroient varier, un élément de matiere ne peut déterminer sa route, en changer à son gré, il faudroit cependant que cela fût pour rendre raison de sa liberté, mais si cette idée est contraire à celle que nous nous formons du mouvement, on est donc forcé d'avouer que la liberté ne peut être une modification, un attribut de la matiere, & on ne peut s'empêcher de convenir que cette faculté n'appartienne à un être qui en soit distingué, & ne démontre l'existence de l'ame.

Il faut distinguer dans l'homme deux sortes de sentiments, le sentiment de l'ame & le sentiment du corps; ce dernier n'est qu'un résultat méchanique, un arrangement, une disposition des organes, comme dans la plante nommée *sensitive*, qui paroît n'être sensible à l'approche de la main qui veut la toucher, que parce que probablement elle est composée d'organes très-souples, très-délicats, de filets si menus que la moindre impression agit sur leur tissure en les obligeant de se resserrer ; l'homme étant aussi composé d'organes flexibles & très-déliés, éprouve dans tous ses membres ce sentiment méchanique, qu'il ne faut pas confondre avec les sentiments, les affections de l'ame que nous éprouvons : mais il n'est point étonnant que le sentiment abandonne les parties les unes après les autres, que la mort se communique des pieds aux jambes, aux cuisses, à toutes les autres parties du corps, ce n'est point l'ame alors qui périt, car la tête conserve toute sa raison, mais c'est une dissolution, une division dans toutes les parties du corps; ce sentiment matériel est plus marqué dans de certaines parties du corps que dans d'autres comme au Diaphragme, parce que ce lieu est le centre des forces de l'animal; ainsi quand on coupe un animal en plusieurs parties, quand un guerrier dans les combats a perdu un bras ou une jambe, quoique le mouvement de chacune de ces parties retranchée soit sensible, on n'en peut pas conclure que l'ame soit divisible, car ce mouvement n'est point un effet de l'ame, mais du ressort des parties qui se détendent.

Comment l'ame seroit-elle composée d'élémens d'air, de vent, de chaleur? Ces élémens sont-ils d'une nature différente des autres élémens de la matiere, parce qu'ils font plus petits plus déliés? Qu'on combine ces trois éléments de tant de manieres que l'on voudra, pourront-ils produire la penſée? D'ailleurs dans le temps de la formation du corps & de ſon développement ſe fait-il dans le corps même une ſéparation des éléments d'air, de vents, de chaleur? Concevra-t-on jamais une telle ſéparation, l'air, la chaleur, le vent, parce qu'ils ſont d'une nature plus déliée, ont-ils pour cela la puiſſance de s'attacher aux différents membres du corps, de leur commander, de les faire obéir à leur gré? Épicure, pour ſe tirer d'embarras, admettoit une quatrieme nature, un élément encore plus actif, plus délié que l'air, la chaleur; mais cet élément de quelque nature qu'on le ſuppoſe, puiſqu'il eſt matériel, aura-t-il la propriété de penſer, d'ordonner ſes idées, de comparer des ſenſations? Si l'ame n'étoit qu'une matiere légere, fluide, unie très-étroitement aux veines, aux nerfs du corps; il faudroit, lorſqu'on coupe un bras ou une jambe, que les fonctions de l'ame ne fuſſent plus les mêmes; il faudroit que le retranchement d'une partie, altérât notre raison, la rendît défectueuse; l'ame étant séparée de quelques-unes de ses parties, son action devroit être moindre, mais puisqu'on n'apperçoit aucun changement semblable, que le retranchement de plusieurs de nos membres n'altere en rien les facultés de l'ame, il en faut conclure qu'elle n'est pas comme le prétend Épicure, un être périssable, répandue & distribuée dans toutes les parties de notre corps.

Dans les maladies violentes, dans les fievres malignes, putrides, dans la léthargie, dans l'épilepsie, dans l'ivresse, toutes les facultés de l'ame paroissent être anéanties, l'ame ne commande plus au corps, le délire s'est emparé de tous ses sens, la raison est étouffée par les excès de la douleur qu'éprouve le corps, mais cette situation cruelle prouve même que l'ame est immortelle, car si elle n'étoit que de l'air, du vent, de la chaleur distribuée dans tous les membres, pourroit-elle résister à de si cruelles atteintes, le malade pourroit-il jamais récouvrer sa raison, comme cela arrive fort souvent?

Si l'ame étoit de même nature que le corps, si elle étoit comme lui composée d'éléments, elle partageroit nécessairement & indispensablement toutes les situations, les accidents, les maladies qui arrivent au corps; mais l'on voit très-souvent des personnes malades conserver un esprit très-sain; celles qui meurent de la poitrine, conservent jusqu'aux derniers moments toute l'activité de leur ame. On voit des personnes infirmes, estropiées, d'un corps difforme, qui ont un jugement fort sain, un esprit fort étendu, l'ame n'est donc pas si intimement unie au corps qu'elle en partage toutes les infirmités, elle n'est donc pas de même nature. On a vû une secte de Philosophes mépriser la douleur, on voit même des personnes courageuses souffrir les opérations les plus cruelles sans pousser un seul cri de plainte. L'esprit ne suit donc pas toujours les mouvements du corps, il ne partage pas ses situations, il est donc d'une nature immortelle, puisqu'il se conserve en entier, lorsque le corps se partage, comme lorsqu'on coupe un bras, une jambe, une main, &c.

Si l'ame n'étoit qu'une combinaison de vent, d'air, de chaleur, la pensée seroit relative à la quantité de matiere employée dans chaque individu. Les plus gros animaux devroient être les plus spirituels, mais nous voyons tous les jours que l'esprit n'est point proportionné à la masse, au volume du corps; la pensée est un attribut de l'ame qui ne dépend pas de l'organisation; car l'homme le plus mal fait, le plus difforme a souvent plus d'esprit que celui qui a la taille la plus avantageuse & le corps le mieux proportionné.

Si la pensée n'étoit pas un être réel, distingué de la matiere, la raison ne seroit pas la même dans tous les siecles & dans tous les pays; les hommes dans tous les climats de la terre, lorsqu'ils sont parvenus au même degré de développement ont à-peu-près le même code de vérité, la même morale, les mêmes vertus. Les Egyptiens, les Grecs, les Romains avoient à très-peu-près la même façon de penser sur bien des objets, & les peuples civilisés de notre Europe pensent aujourd'hui comme eux. La morale dans le cœur de tous les hommes sera toujours la même, comme les vérités de Géométrie sont éternelles & indépendantes de nos opinions & de nos préjugés.

Le point le plus difficile est de concevoir l'union de l'ame & du corps. Comment des êtres si dissemblables ont-ils entre eux une si étroite connexité ? Comment les mouvements du corps déterminent-ils & donnent-ils toujours des pensées à l'ame, & réciproquement comment certaines pensées de l'ame communiquent-elles infailliblement certains mouvements au coprs; car rien n'est plus marqué, plus absolu que l'empire de l'esprit sur la matiere. Nous voulons, nous nous déterminons, nous agissons à son gré & comme il lui plaît : notre simple volonté fait mouvoir dans l'instant tous nos membres; mais puisque nous sommes persuadés qu'il y a un Etre suprême, nous ne doutons pas de son action, de sa puissance sur toute la nature, quoique nous ne la concevions pas; la matiere se meut, obéit à ses ordres, il l'arrange, il l'organise à son gré, il en forme des pierres ou des animaux, suivant qu'il lui plaît. C'est ainsi que l'ame de l'homme commande à son corps, en regle les mouvements, détermine ses actions & forme sa volonté. Quelqu'incompréhensible que soit cette union, nous n'en pouvons douter par ses effets, & l'analogie & la comparaison nous en convainquent.

Si l'on compare l'homme à la brute, on en tirera encore de nouvelles preuves en faveur de l'ame, l'organisation de l'un & de l'autre est entiérement semblable, ce sont les mêmes organes intérieurs, les mêmes sens, la même méchanique; mais quelle immense différence dans les produits! les animaux épars sur toute la surface de la terre, ne montrent nulle part aucune trace d'esprit, ni d'intelligence; nul plan, nul dessein raisonné dans leur conduite; ils marchent constamment sur la même ligne; ce qu'ils font aujourd'hui, ils le faisoient il y a mille ans : ils ont une ame sans doute, mais elle est d'une autre nature que la nôtre, elle est mortelle & périssable, puisque tous ses produits le sont. L'homme au contraire, commande

mande en maître à toute la nature, il a dompté les élements, donné des bornes à la mer, conduit & dirigé les fleuves, il a tiré les métaux du sein de la terre, il s'en sert pour la rendre plus fertile, il a perfectionné presque toutes les productions de la nature, il s'est remis en société, a établi des loix, fondé la justice, inventé les arts, perfectionné les sciences, & il fait voir par ses découvertes journalieres, qu'il est doué d'un esprit actif, d'une ame intelligente, & qui doit subsister éternellement.

F I N.

TRADUCTION LIBRE *DE LUCRECE.*

LIVRE PREMIER.

AIMABLE fille de Jupiter, digne objet de l'amour des hommes & des dieux, ô Vénus! c'est vous qui répandez le mouvement & la vie sur ce globe qu'éclairent les astres brillants & mobiles du ciel; c'est par vous que l'univers se peuple d'animaux de toute espece. Sans vous, la terre ne seroit qu'un triste désert, une horrible solitude. Votre présence calme les vents, dissipe les orages, produit les fleurs & la verdure. C'est vous qui ramenez les beaux jours, & qui, par la douceur de vos regards, rendez le calme aux flots agités de la mer. A votre afpect la nature fourit & annonce le retour du printemps. La fureur de l'aquilon devient la douce haleine du zéphir. Les oifeaux amoureux célebrent, au milieu des feuillages, votre retour par leurs tendres concerts; les animaux quittent leurs retraites, & fe rendent, en bondiffant, dans de rians pâturages, ils paffent à la nage les fleuves rapides. On ne voit fur la terre aucun animal qui ne fe livre au doux penchant que l'amour lui infpire. C'eft par votre puiffance que le monde fe conferve, fe renouvelle; & c'eft parce qu'il n'eft rien fur la terre, dans les mers & dans le ciel qui ne brûle des feux de votre amour. Mais puifque feule vous animez la nature entiere, puifque vous gouvernez l'univers en fouveraine, que rien ne s'embellit fans vous; daignez, puiffante Déeffe, préfider à mes chants; daignez favorifer cet Ouvrage dans lequel j'effaye d'expofer au célebre Memnius les opérations les plus cachées de la nature, & fes myfteres les plus profonds. Daignez répandre fur mes écrits vos graces bienfaisantes, & que le Dieu Mars, captif sous vos loix, ne se fasse plus entendre, ni sur la terre, ni sur la mer. On a vu souvent ce Dieu terrible, blessé des traits de l'amour, déposer sa fierté dans vos bras ; c'est dans ces moments où ses regards avides ne peuvent assez contempler votre beauté, où son ame est entiérement confondue dans la vôtre, c'est dans ces moments, dis-je, où vous pouvez l'engager, par la douceur de vos caresses, à rendre aux nations la paix qu'elles désirent avec tant d'ardeur. Ce n'est que dans la solitude ou dans une société tranquille, qu'on peut se livrer avec ardeur à l'étude de la philosophie. Et vous, cher Memnius, si la patrie n'a plus besoin du secours de votre bras, daignez prêter une oreille attentive à mes discours, & ne refusez pas, avant de le connoître, le présent que je vous offre. Mon dessein est de vous entretenir du mouvement éternel de la matiere, de la nature des Dieux, des premiers principes de toutes choses, & de vous expliquer l'origine, la production, le développement & la dissolution de tous les êtres.

Je donnerai indistinctement le nom d'éléments, de matiere premiere, de molécules aux petites parties de la matiere, dont la substance de chaque corps est composée; & pour rendre raison des phénomenes de la nature, je n'emprunterai point l'entremise des Dieux : par leur essence, ils doivent nécessairement vivre dans une paix profonde & éternelle; exempts de douleur, de soucis & de peines, ils sont heureux de leur propre existence : n'ayant nul besoin, ils ne daigneroient pas s'occuper du soin de ce monde, & nos vertus, ainsi que nos vices, ne sauroient, ni les flatter, ni les irriter. *

Depuis long-temps la nature humaine gémissoit sous le joug d'une religion dure & sévere, qui ne présentoit les Dieux aux mortels que sous un aspect menaçant. Un homme d'A-

---

* Il n'est ici question, comme dans tout le reste de cet Ouvrage, que des faux Dieux du paganisme : les Romains, comme on sait, n'étoient pas délicats sur le choix de leurs Divinités; ils en avoient pour toutes les commodités de la vie.

thenes osa le premier s'élever contre elle, & s'opposer à sa puissance. La crainte des Dieux & de leur foudre menaçant n'abbattit point son courage; excité par la difficulté du projet, il n'en fut que plus ardent à le suivre. Son esprit élevé embrassa la nature entiere, & pénétrant jusqu'aux dernieres limites de l'univers, il parvint de cette maniere à connoître l'origine, la puissance, l'action & la fin de toutes choses; & il acquit, en détruisant la superstition, une gloire immortelle.

Ne croyez pas que les choses dont je traite, soient impies & criminelles; au contraire, on vit souvent dans des temps de superstition, la religion commander le crime & le favoriser. N'est-ce pas elle qui autrefois au camp des Grecs porta les chefs de l'armée à répandre le sang d'une jeune Princesse sur l'autel de Diane? Ne vit-on pas la fille du plus grand des Rois, parée de bandelettes sacrées, accompagnée de son pere qui craignoit de lever ses regards sur elle, entourée de Prêtres inhumains qui cachoient le couteau du sacrifice, & de toute l'armée qui fondoit en larmes ; ne vit-on pas, dis-je, cette jeune Princesse implorer inutilement la pitié de l'auteur de ses jours? Sa jeunesse, sa beauté, ses larmes, le nom qu'elle portoit, ne purent lui faire trouver grace. Arrachée inhumainement des mains de ses femmes, elle fut conduite toute tremblante à l'autel, non pour jouir, après le sacrifice, des douceurs de l'hyménée, mais pour y être offerte en victime, & pour obtenir des Dieux, au prix de son sang, des vents favorables pour le départ de l'armée, tant la religion a de puissance sur le cœur des mortels, même pour fuir le mal. Vous-même, Memnius, arrêté par les peintures effrayantes de nos Poëtes superstitieux, craindriez-vous d'ajouter foi à mes discours? Mais combien ne pourrois-je pas moi-même imaginer de fables & de chimeres, qui pourroient troubler la tranquillité de votre vie & la sérénité de votre ame? Que les hommes seroient heureux, s'ils pouvoient se persuader que la mort est la fin de tous leurs maux! La religion ne seroit plus alors effrayante pour eux. Leur repos ne seroit pas troublé par la crainte de tourmens effroyables après leur mort. Mais comment ne pas craindre ! On ignore la nature de son ame, on ne sait si elle est produite avec le corps, ou si elle n'est donnée au corps que pour l'animer après sa formation. On ignore si elle meurt, si elle périt avec lui, ou si, lui survivant, elle habite les sombres rivages du tartare. L'ame ne pourroit-elle, par la puissance des Dieux, quitter un corps pour en animer un autre, passer de celui d'un homme dans le corps d'un animal ? Cette derniere opinion a été célébrée par Ennius, le premier Poëte de l'Italie, qui ceignit son front de lauriers immortels, cueillis sur le Parnasse.

C'est lui qui dans ses savants écrits nous enseigne qu'on voit s'élever sur les rives de l'Achéron un temple consacré aux Dieux infernaux ; que là on voit, non les ames, ni les corps de ceux qui meurent, mais leurs images, leurs simulacres, qui paroissent sous des formes surprenantes. C'est là qu'il prétend que celui de l'immortel Homere lui apparut en pleurant, &

qu'il daigna lui développer les profondeurs & les myſteres cachés de la nature.

Ainſi, pour connoître les cauſes qu'elle emploie dans ſes effets, dans le mouvement des cieux, du ſoleil & des planetes, dans la formation des êtres, il faut, avant tout, chercher avec un eſprit libre & dégagé de préjugés, l'eſſence cachée de l'ame & de l'eſprit ; il faut connoître les objets qui nous effrayent, lorſque nous veillons, & qui troublent ſouvent notre repos lorſque nous nous livrons à la douceur du ſommeil ; comment nous croyons voir & entendre les perſonnes qui ſont mortes depuis longtemps, & dont les cendres repoſent dans la terre. Je ſais combien il eſt difficile de traiter dans notre langue de ces matieres obſcures : ſa ſtérilité, la nouveauté du ſujet m'obligeront ſouvent de me ſervir de termes nouveaux ; mais l'eſpoir d'obtenir votre amitié m'excite à tenter ce travail, trop content ſi je puis préſenter avec clarté à votre eſprit ce que la nature a de plus caché. Pour arriver à ce but, il faut éloigner toute idée de terreur, écarter tous les préjugés; & pour dissiper ces ténebres, il n'est pas besoin de la lumiere éclatante du grand jour, il suffit d'envisager la nature d'un regard ferme, & ne se servir que des yeux de la raison. Si cette entreprise peut vous plaire, écoutez-moi, je commence.

Je pose d'abord pour principe, que rien ne peut se faire de rien, même par le pouvoir des Dieux; & si la crainte qui retient nos esprits, nous porte à croire que tout ce que nous voyons, soit dans le ciel, soit sur la terre, est l'ouvrage des Dieux, nous sommes dans l'erreur. Je vous démontrerai que rien ne se peut faire de rien; qu'un corps ne sauroit être formé que par des éléments de matiere : & ceci bien entendu, vous concevrez clairement comment l'univers & tout ce qu'il renferme, a pu être formé sans le secours des Dieux. Supposons que le rien puisse donner l'existence : la formation de chaque chose n'est plus alors assujettie à aucune regle, à aucun principe; toutes les productions se font au hasard; on verroit sortir indifféremment du sein des eaux des hommes & des animaux. La terre produiroīt des oiseaux & des poissons; l'air seroit peuplé de troupeaux. Tous les lieux seroient habités indistinctement ; les animaux occuperoient tantôt une plaine fertile, tantôt des campagnes stériles ; les arbres ne porteroient plus les mêmes fruits, mais ils en produiroient de toutes sortes d'especes. En effet, comment les choses pourroient-elles se succéder autrement, puisque nous supposons qu'il n'y a point de principes fixes, d'éléments particuliers qui soient assujettis à un ordre constant ; mais nous voyons arriver le contraire dans la nature : la génération & la succession des choses est constante & invariable ; tout se fait dans un certain ordre, rien n'est produit ni formé au hasard. Tout a une matiere qui lui est propre, des éléments qui lui sont particuliers, & ces éléments sont doués de qualités nécessaires, relatives à la formation des êtres.

La production des différentes choses est non-seulement assujettie au concours réglé des principes qui les forment, mais encore à l'ordre invariable des saisons. On voit dans le printemps naître les fleurs & la verdure; l'été produit le bled & les moissons, & l'automne produit la vigne & le raisin. C'est alors que les graines, les semences de ces choses, recevant de la terre les sucs qui leur sont propres, se développent & prennent leur accroissement. Si le développement des êtres n'étoit pas assujetti à des regles constantes, toute saison seroit indifférente : les animaux, les végétaux sortiroient tout formés du sein de la terre; mais comme cela n'arrive jamais ; que tout être qui se développe, ne le fait que peu à peu dans un certain ordre, & conserve toujours, en se développant, le genre même de son espece; convenons que l'accroissement & le développement ont des regles constantes, & une matiere analogue & propre au corps pour le développer.

Si la terre n'étoit elle-même fécondée à propos par des pluies, elle ne produiroit rien, & les animaux privés de nourriture, ne pourroient conserver leur vie & perpétuer leur espece. Mais ainsi que les mêmes lettres dans une langue forment différents mots, la même matiere arrangée & combinée différemment, produit les différentes choses que nous voyons. Si la production des êtres n'avoit point de principes, si l'action de la matiere n'étoit point renfermée dans de certaines limites, si la puissance de la nature étoit sans bornes, on verroit naître des hommes si grands & si forts, que de leurs pieds ils toucheroient le fonds des mers, & de leurs bras ils embrasseroient les montagnes. La production n'est donc pas une opération incertaine, & le développement ne se fait que parce que les éléments des corps se réunissent avec un ordre constant. Nous voyons tous les jours qu'une terre cultivée est plus fertile que celle qui ne l'est pas; le travail constant du laboureur met en action la matiere que renferme le sein de la terre : si celá n'arrivoit pas, pourquoi prendrions-nous tant de peines inutiles? La terre produiroit d'elle-même & sans secours, des choses plus parfaites & plus agréables que celles que nous la forçons de produire.

Les principes de chaque corps sont éternels, immuables; rien ne peut être anéanti. La dissolution d'un être n'est que la séparation de ses parties qui se réunissent à la masse totale de la matiere. Si les principes des choses étoient périssables, les êtres dans leur dissolution périroient totalement; mais parce que la matiere est éternelle, tout se conserve, & les principes ne font que changer de forme, sans changer de nature. C'est par cette raison que depuis les âges écoulés, les différentes especes d'animaux se sont conservées constamment, & qu'elles trouvent dans la terre une matiere propre à leur développement & à leur conservation.

Si le temps qui détruit tout, anéantissoit entiérement les corps, comment depuis les âges qui se sont écoulés, toutes les especes d'animaux se sont-elles conservées ? comment ont-elles toujours trouvé dans le sein de la terre une matiere propre à leur développement, à leur conservation ? comment les fontaines, les rivieres, les fleuves vont-ils constamment porter, comme en tribut, leurs eaux à la mer ? Comment les cieux peuvent-ils fournir à la réparation de ces astres immenses qui consomment une quantité prodigieuse de matiere ? Depuis tant de siecles tout devroit être anéanti ; mais parce que la matiere de l'univers est éternelle & fixe, elle a pu dans tous les âges, réparer tout ce qui se détruisoit : aucune chose n'a donc jamais pu être réduite à rien, ni s'anéantir.

Si les corps n'étoient composés d'une matiere éternelle, & que la liaison de leurs parties n'eût une certaine consistance, la moindre secousse, le moindre choc seroient suffisants pour les détruire ; mais parce que les éléments des corps sont éternels, que leur réunion se fait suivant certaines loix, un corps ne peut être détruit que par une force plus puissante que celle qui retient les parties dont il est composé, & sa destruction n'est alors que la décomposition de ses parties.

Les pluies qui tombent du ciel sur la terre, la fertilisent ; elles y préparent la matiere qui forme les moissons & la verdure. C'est par elles que les arbres produisent des fruits de toute espece ; que la terre fournit en abondance une nourriture convenable aux hommes & aux animaux; que les oiseaux dans les bois font entendre leurs doux concerts; que l'on voit dans de gras pâturages un nombreux bétail se repofer de ses fatigues, & les petits enivrés du lait de leurs mammelles, bondir fur la verdure; que les villes se rempliffent d'une jeuneffe floriffante. Rien ne périt donc entiérement dans la nature : les êtres se fuccedent & se réparent les uns par les autres ; la deftruction d'un être eft toujours remplacée par la production d'un autre.

J'ai établi jufqu'à préfent que le néant ne pouvoit rien produire, & qu'aucun être ne pouvoit être anéanti; mais parce qu'il y a dans la nature bien des chofes que nous ne pouvons voir, je vais, pour donner plus de poids à mes difcours, vous parler de plufieurs corps dont l'exiftence eft certaine, quoique l'on ne puiffe pas les appercevoir.

Le vent, par exemple, qui fait tant de ravages fur les mers, qui frappe & fubmerge les plus grands vaiffeaux, & qui fur fes ailes rapides porte par-tout l'orage & la tempête;

le vent qui déracine dans les plaines les arbres les plus forts, & renverse les forêts sur les plus hautes montagnes; le vent qui de son souffle impétueux, agitant les mers, souleve les ondes avec un murmure menaçant, n'est-il pas un corps, invisible à la vérité, mais dont l'existence n'est que trop certaine par la puissance qu'il exerce sur la terre, dans le ciel & sur les mers? Le vent imite, dans ses fureurs, les débordements d'un fleuve, qui, grossi par les eaux d'un torrent, entraîne tout ce qui se trouve sur son passage, les ponts, les digues les plus solides : les rochers qu'il roule sous ses eaux, l'aident à renverser tout ce qui s'oppose à sa fureur : de même le souffle impétueux du vent, semblable à ce fleuve rapide, arrache, renverse, détruit ce qu'il rencontre. Les vents sont donc des corps d'un volume qui échappe à nos yeux, mais qui n'en sont pas moins réels, puisqu'ils imitent dans leurs actions & leurs mouvements les eaux d'un fleuve qui est composé de parties réelles, visibles, & que nous discernons à l'œil.

À l'existence réelle du vent, on peut ajouter celle des odeurs différentes, du chaud, du froid & des sons qui agissent sur nos sens, nous touchent, nous pénétrent, que nous ne pouvons cependant appercevoir, quoiqu'ils soient certainement matiere; car il n'y a que la matiere qui puisse donner des sensations ou en recevoir. Exposons des vêtemens sur le rivage de la mer, tout leur tissu sera bientôt pénétré d'humidité; exposons-les ensuite au soleil, la force de sa chaleur, en les pénétrant, en chassera toutes les parties humides. On ne peut voir comment cela se passe, parce que nos yeux ne sont pas conformés de façon à pouvoir appercevoir les petites parties ou éléments de la matiere. De même, l'anneau qu'on a porté au doigt pendant une longue suite d'années, diminue, perd de sa pesanteur; l'eau qui tombe d'en-haut goutte à goutte sur un rocher, le creuse insensiblement; le fer tranchant de la charrue, en formant des sillons dans les champs, diminue, sans qu'on s'en apperçoive : le pavé le plus rude s'use à force d'y marcher, & les marteaux d'airain qui font à la porte des Grands, perdent à la fin leur forme par le fréquent attouchement de ceux qui entrent & qui fortent.

Toutes les chofes diminuent, s'altérent infenfiblement ; mais la nature jaloufe n'a pas voulu que nous viffions les petites parties de matiere dont elles s'appauvriffent à chaque inftant. Et de même que nos yeux ne fauroient appercevoir l'augmentation & le développement fucceffif des corps, nous ne faurions juger de la quantité de matiere qu'ils perdent journellement, comme nous ne faurions eftimer ce qu'un rocher dans la mer perd dans un certain temps par le mouvement journalier & continuel des eaux. Il eft donc clair que la nature forme tous fes ouvrages avec une matiere invifible & imperceptible.

La matiere ne remplit pas entiérement l'univers ; il n'eft point de corps qui ne renferme du vuide, & la connoiffance de cette vérité eft très-importante pour bien comprendre les chofes dont je traite, pour écarter toute incertitude de votre esprit, & prendre une pleine confiance en mes discours.

Le vuide est un espace impalpable qui n'est pas corps; car s'il l'étoit, la matiere ne pourroit s'y mouvoir. Un corps qui tendroit à se mettre en mouvement, seroit sans cesse arrêté par le voisinage d'un autre corps, puisque rien ne faisant place, tout seroit obligé de rester en repos. Mais nous voyons que dans la nature tout se meut; que la matiere mise en mouvement par différentes causes, agit dans tous les sens, dans toutes les directions, & que s'il n'y avoit pas un espace vuide, un lieu pour le mouvement, tout seroit dans l'inaction; que la matiere comme morte & réunie toute en masse, n'auroit pu rien produire, & seroit restée dans un repos éternel; & quoique les corps paroissent, au premier coup d'œil, solides dans toutes leurs parties, ils sont cependant pleins de pores. L'eau passe au travers des rochers & des cavernes; la nourriture que l'animal prend, pénetre l'intérieur de toute sa substance; les plantes tirent par leurs racines, des parties nutritives qui se distribuent jusqu'aux extrêmités des plus petites branches. La voix pénètre au travers des portes & des murailles ; le froid se fait sentir jusqu'aux os. Comment toutes ces choses pourroient-elles s'opérer, si les corps étoient solides en entier, & qu'ils ne continssent pas de petits vuides où la matiere puisse agir & pénétrer ? Pourquoi, d'ailleurs, de deux choses d'égale grandeur, l'une a-t-elle souvent plus de pesanteur que l'autre ? Si sous un même volume un flocon de laine contenoit autant de matiere que l'or & le plomb, chacun devroit avoir le même poids ; car la nature de tout corps est d'être pesant, comme la nature du vuide est d'être sans aucune pesanteur. Ainsi donc, si deux choses d'égale grandeur sont inégales en pesanteur, c'est que l'une, sous le même volume, renferme plus de matiere, & l'autre plus de vuide. L'espace, par conséquent, que nous discernons si imparfaitement avec nos sens, existe nécessairement avec les corps, & afin que vous ne doutiez pas de cette vérité, je vais vous faire part de quelques objections.

On prétend que le mouvement du poisson dans l'eau ne se fait que parce qu'il laisse derriere lui un vuide que l'eau remplace sur le champ, & que c'est de la même maniere que s'exécute le mouvement de tous les corps; que leur changement de place & de situation n'est qu'un simple remplacement d'un corps par un autre: mais ce raisonnement est évidemment faux; car comment le poisson pourroit-il s'ouvrir un passage, si l'eau étoit un corps solide, si les parties qui la composent, en se resserrant, ne laissoient entre elles & les poissons un espace pour le mouvement; comment l'eau aussi pourroit-elle continuer librement son cours, si les poissons ne lui faisoient place? Il faut donc nécessairement priver la matiere de mouvement, ou admettre parmi les corps un espace vuide, qui est la cause de leur mouvement. Enfin supposons deux corps plans, parfaitement polis & adaptés exactement l'un sur l'autre; si on les sépare avec toute la promptitude possible, ces deux corps laisseront nécessairement entre eux, dans l'instant de leur séparation, un vuide qui n'y étoit pas auparavant; car quoique l'air environnant ne tarde pas à occuper cet espace, on conçoit qu'il ne le peut faire si promptement qu'il ne remplisse une partie avant l'autre, les extrêmités avant le milieu : & si l'on m'objecte que le mouvement des deux corps plans ne se fait que par la condensation de l'air, on ne fait que fortifier mon opinion; car la condensation de l'air est une preuve bien claire du vuide, puisqu'on ne concevra jamais que les parties de la matiere se condensent, se resserrent, si elles ne trouvent un espace, un vuide pour cela. Ainsi donc, de quelque côté qu'on envisage les choses, il faut nécessairement admettre le vuide avec la matiere, si on veut rendre raison de son action & de ses effets.

Il n'y a que deux choses dans l'univers, qui existent d'elles-mêmes & indépendamment de tout, la matiere & l'espace. L'existence de la matiere n'est point douteuse; il seroit inutile de chercher à en convaincre ceux qui en doutent, & prétendre raisonner avec eux des choses naturelles. Quant à l'existence de l'espace, elle n'est pas moins certaine, car, comme nous l'avons dit ci-devant, sans un lieu, un espace vuide pour le mouvement, tout seroit encore dans l'inaction & le repos. Il n'y a rien dans la nature qu'on puisse distinguer entiérement de la matiere ou de l'espace ; si cela étoit, il faudroit y admettre une troisieme substance ; mais quelle que soit cette substance, quelque dimension petite ou grande qu'on lui suppose, si elle est capable de recevoir du mouvement ou d'en donner, c'est certainement un corps, c'est un lieu, un espace que je nomme vuide ; & de même que la matiere peut seule former des corps, de même le vuide peut seul prêter son espace & recevoir leur mouvement.

Il n'existe donc rien dans la nature qui ne soit ou matiere ou espace. Tout l'effort de la raison humaine ne sauroit imaginer une substance qui ne soit l'une ou l'autre de ces deux choses. Dans la matiere, on distingue ce qui lui est propre, ou ce qui ne lui est qu'accidentel. Les propriétés de tout corps sont ce qui est tellement uni & lié avec lui, qu'il n'en peut être féparé que par fa deftruction, comme la pefanteur à la pierre, la chaleur au feu, le toucher au corps, l'impalpabilité au vuide. Au contraire, la fervitude & la liberté, la richeffe & la pauvreté, la paix & la guerre, ne font que les accidents des corps, parce que la matiere n'en exifte pas moins, foit que ces chofes aient lieu ou non, foit qu'elles foient abfentes ou préfentes. De même le temps n'exifte point par lui-même, *ce n'eft point un être réel diftingué de la matiere ou de l'efpace*; il n'eft que la mefure des chofes paffées, préfentes & futures: on ne peut en avoir l'idée féparément du mouvement des corps ou de leur repos.

Si on nous parle du temps de l'enlevement d'Hélene & des malheurs de Troye, nous verrons que ces événements ne font arrivés dans des fiecles que l'âge irrévocable a détruit, que parce qu'ils font les accidents de la matiere & du lieu où ils fe font paffés. Car fi nous fupprimions ces deux principes, la matiere & l'efpace, tout feroit anéanti, & jamais la beauté d'Hélene n'eut allumé dans le cœur de Paris

ces

ces feux criminels qui causerent les malheurs de sa patrie; jamais cet énorme cheval qui contenoit dans ses flancs des bataillons de soldats Grecs, n'eût détruit les murs de la superbe Troye. De sorte que nous pouvons juger que tous les événements passés ne subsistent point par eux-mêmes, comme le corps & le vuide, mais qu'ils dépendent entiérement de la matiere, du lieu, de l'espace, & qu'ils n'en sont que les accidents.

Dans toutes choses il faut bien distinguer les petites parties, les éléments, les principes du corps & le corps même. Le corps est un composé produit par l'union & l'assemblage des petites parties de la matiere; il peut être détruit & réduit en ses éléments, mais ses parties constituantes ne peuvent l'être; elles sont indivisibles, éternelles & d'une solidité impénétrable; aucune force, aucune puissance ne sauroient ni les altérer, ni les changer. On conçoit difficilement qu'il y ait des corps d'une impénétrabilité absolue & d'une solidité à toute épreuve; car nous voyons que la foudre perce & passe au travers les murs les plus épais, comme le bruit & la voix; le feu pénetre le fer & le rougit, il sépare & brise les rochers les plus durs, il diffout l'or: le chaud, le froid pénétrent partout; la liqueur qu'on met dans un vase d'argent, le pénetre & se fait sentir au dehors : on croiroit qu'il n'y a aucun corps impénétrable, mais la nature des choses nous prouve le contraire, & la force du raisonnement nous en convainc. Je vais, en peu de mots, vous le démontrer.

Premierement, si la matiere est distincte & séparée du lieu ou de l'espace, & que tout l'univers ne consiste que dans ces deux choses, comme je vous l'ai ci-devant démontré, il faut qu'elles aient chacune leur nature & leur empire particulier; que jamais le vuide ne soit confondu avec la matiere; que par-tout où il y aura du vuide, il n'y ait pas de corps, & que par-tout où il y aura des corps, il n'y ait point de vuide: Ainsi toute la matiere est impénétrable & sans vuide; mais les corps qui sont composés des éléments solides de cette matiere, contiendront du vuide, parce que les éléments de la matiere qui les compofent, ne font pas tellement unis, qu'ils ne laiffent entre eux de l'intervalle, de petits efpaces; & que c'eft l'efpace que laiffe la liaifon de ces parties, qui forme le vuide. Ainfi la matiere qui eft impénétrable, eft éternelle, quoique les corps qu'elle compofe, ne le foient pas.

Sans le vuide tout feroit matiere, & réciproquement fans la matiere tout feroit vuide : ces deux fubftances différentes par leur nature, compofent feules cet univers. Chacune de ces fubftances y eft répandue inégalement, & ne l'occupe pas tout entier; elles ont leurs limites féparées, qui les diftinguent. Les éléments de la matiere ne peuvent recevoir d'atteinte; ils ne peuvent être changés ou altérés par quelque puiffance que ce foit. Indeftructibles par leur nature, puifqu'ils ne contiennent pas de vuide, ils ne fauroient être divifés; le vuide dans un corps fuppofe des parties, & ils n'en ont pas : l'humidité, le froid, le chaud, caufes de mort & de deftruction de tout corps, ne peuvent les pénétrer. Par conséquent plus un corps contient de petits vuides, plus il y a de pores dans sa texture, plus il est exposé à la destruction. De sorte que si l'on convient que les éléments des corps sont impénétrables & sans vuide, il faut aussi convenir qu'ils sont éternels; car si la matiere n'étoit pas éternelle, il y a déja long-temps que l'univers seroit tombé dans le néant, & qu'il en eût été tiré. Mais j'ai clairement démontré ci-devant qu'aucune chose ne pouvoit être anéantie, ni être produite de rien; que par conséquent il y a une matiere immortelle d'où tous les corps sortent, & où ils retournent à la fin dans leur dissolution : si cette matiere n'étoit impénétrable & éternelle, elle n'auroit pu, depuis des siecles infinis, produire cette succession d'êtres que nous voyons, & les développer. Enfin si la nature n'avoit mis des bornes à la divisibilité de la matiere, il y a long-temps qu'aucune de ses productions n'auroit pu parvenir à un entier développement; car les causes de mort & de destruction étant plus fortes & plus promptes que celles de production & de développement, & ces causes agissant sur les corps depuis des siecles infinis, il n'y auroit point eu assez de temps pour réparer leurs dommages; mais puisque tout se répare & se succede dans la nature, la divisibilité des corps, ainsi que leur développement, est donc renfermée dans de certaines limites.

La matiere premiere, quoique solide & impénétrable, est également l'élément des corps durs & des corps mols. Ce sont les mêmes éléments qui ont formé le ciel, la terre & l'eau : ces corps ne different que par l'union plus ou moins serrée de leurs parties. Sans cette solidité des premiers principes, comment le fer, l'acier, le diamant pourroient-ils acquérir leur dureté. Des corps solides pourroient-ils être produits par des corps mols ? Tout le fond de la matiere est donc solide, impénétrable & éternel, & la force des corps n'est produite que par l'union, plus ou moins serrée, des parties qui les composent. Enfin tous les corps sont assujettis à des regles & à des loix constantes dans leur développement & leur formation; chaque individu suit constamment ces loix. Les différentes especes d'oiseaux, malgré l'infinie variété de leurs plumages, conservent toujours les mêmes couleurs. Tous les éléments sont d'une nature invariable; sans cela, toute production seroit incertaine & sans bornes, & les animaux n'auroient pu conserver, depuis tant de siecles, le même naturel, les mêmes inclinations & toutes les qualités de leur espece.

Quoique la foiblesse de nos organes ne nous permette pas d'appercevoir les éléments des corps, leur existence n'est pas moins réelle : par eux-mêmes ils ne sont pas sensibles, mais c'est leur nombre qui forme les corps & leurs extrémités : réunis & disposés avec ordre, ils leur donnent leurs véritables dimensions. Ces éléments existent de toute éternité, leurs parties, infiniment petites, sont tellement unies que rien ne peut les pénétrer : ils ne peuvent changer de forme ni de grandeur, ils ne sauroient être augmentés ni diminués, & ils se conservent de tout temps dans cet état.

Si nous ne croyons pas que les corps

soient composés de petites parties indivisibles, nous serons forcés d'admettre une matiere divisible à l'infini, qui sert à leur composition : rien alors ne sera limité dans la nature ; la plus petite moitié de partie d'un être aura toujours sa moitié, & pourra se diviser à l'infini ; il n'y aura aucune différence entre le grand & le petit ; car tout étant divisible à l'infini, la masse de la matiere, ou sa plus petite partie, pourra se diviser dans le même nombre de parties infinies, ce qui répugne autant à l'esprit qu'à la raison. Convenons donc qu'il y a dans tout l'univers une matiere composée d'éléments qui n'ont point de parties divisibles, & qu'étant tels par leur nature, ils sont solides, indestructibles & éternels.

Si la destruction & la dissolution d'un être ne se faisoient pas en petites parties indivisibles, la nature manqueroit d'une matiere propre à la réproduction ; car les éléments qui servent à l'accroissement & au développement des corps, ayant des parties, ils n'auroient point les qualités de la matiere premiere, comme la pesanteur, l'impénétrabilité, le mouvement, qui sont la cause de la production des êtres. Enfin si la divisibilité de la matiere n'avoit point des bornes, comment seroit-il possible que les corps résistant depuis l'espace de tant de siecles à l'action & au frottement, eussent pu se conserver dans leur entier jusqu'à nous, puisqu'étant d'une nature fragile, ils n'auroient pu échapper depuis tant de temps aux causes de destruction & de dissolution.

Je vous ai prouvé ci-devant que la matiere premiere de l'univers est solide & indestructible ; qu'elle est dans un mouvement éternel. Voyons maintenant si cette matiere premiere est infinie, ou si elle ne l'est pas ; si elle a des bornes, ou si elle n'en a pas. Je vous ai parlé de l'espace, du vuide, du lieu où cette matiere exerce son action, & travaille à la production des corps. Examinons de même si cet espace est une étendue sans bornes, sans limites, sans fin, ou si en effet il en a.

Je soutiens que l'univers, qui comprend l'espace & la matiere, s'étend de toutes parts à l'infini; qu'il n'a point d'extrêmités, de bornes; qu'il ne pourroit en avoir; car pour cela il faudroit concevoir quelque chose hors de lui, qui l'environnât, qui lui servît d'enceinte; mais que peut-on concevoir hors de l'espace & de la matiere? Et s'il y avoit quelque chose, les sens pourroient encore s'étendre au-delà. L'univers est donc sans limites, sans bornes, sans fin, & dans quelque lieu que l'on soit placé, on est sûr qu'un espace infini nous environne également de toutes parts. Supposons que l'univers ait des bornes, & que quelqu'un, parvenu à ces bornes, tire une fleche, je demande ce qu'elle deviendra? Cette fleche tirée contre les bornes de l'univers, suivra-t-elle la route où on l'aura dirigée, où se trouvera-t-elle arrêtée tout-à-coup par les bornes de l'univers? Il faut que vous choisissiez l'un ou l'autre de ces deux partis, & quelque soit celui que vous preniez, il est également contre vous, & vous force même de convenir qu'il y a une étendue sans bornes; car cette fleche ou sera arrêtée tout-à-coup par les bornes de l'univers, ou elle paſſera outre; & dans ces deux cas ce ne ſont point là les limites de l'univers; car ce qui fait obſtacle, ne peut être la fin, la derniere borne de l'univers; & en ſuivant ce raiſonnement, dans quelque lieu que vous ſoyez placé, je pourrai toujours vous demander la deſtinée de cette fleche. Convenez donc que l'univers n'a point de limites, & qu'il s'étend de toutes parts à l'infini.

D'ailleurs, ſi l'eſpace étoit terminé de tous côtés, les premiers éléments des corps, obéiſſant à l'action de leur peſanteur, ſeroient depuis long-temps parvenus aux extrêmités de l'univers. Il n'y auroit plus aucune production; le ciel, le ſoleil ſe ſeroient diſſous, & toute la matiere ne formeroit qu'une maſſe ſolide & compacte, qui depuis des temps infinis ſeroit dans le repos au centre de la nature, où elle ſe ſeroit dirigée par ſon poids. Mais, au contraire, les premiers éléments ſont néceſſairement dans un mouvement perpétuel; car comme, par leur peſanteur, ils tendent ſans ceſſe vers le centre, ils s'y arrêteroient & suspendroient leur action ; mais comme l'univers n'a point de milieu, de centre, le mouvement de la matiere est nécessaire & éternel. Le concours & la réunion des premiers éléments forment toutes les choses dans toutes les régions de la nature, & depuis des siecles infinis, la matiere éternelle est toujours en mouvement, & toujours agissante dans l'univers.

Cependant nous voyons que les corps sont les limites les uns des autres. L'air renferme les collines ; les montagnes sont environnées par l'air ; la terre forme les limites de la mer, & la mer à son tour environne la terre ; & il n'y a que l'univers, dont l'étendue infinie n'a rien qui l'entoure, ni qui puisse le borner. Sa nature est telle, que les fleuves les plus rapides ne pourroient jamais atteindre son extrêmité, & que quelque chemin qu'ils eussent parcouru pendant des siecles entiers, il leur en resteroit encore autant à parcourir ; tant est grand l'espace qui environne les corps ; & en effet, il n'a ni bornes, ni limites en aucun sens.

La nature n'a pas voulu que l'univers eût des bornes. Elle a voulu que l'espace environnât le corps, & réciproquement que le corps environnât l'espace, & c'est de cette façon qu'elle les rend infinis tous deux; si l'une de ces deux choses étoit la limite de l'autre, que l'une fût infinie & que l'autre ne le fût pas, l'univers ne pourroit subsister un seul moment : la terre, la mer, le ciel, le soleil, les étoiles, les animaux & les Dieux mêmes cesseroient d'être dans l'instant, & toutes les parties de la matiere n'étant plus liées ni assujetties à aucun assemblage, seroient comme englouties par l'espace infini du vuide, & s'anéantiroient; ou plutôt la matiere ne se seroit jamais réunie, & rien n'eût été produit. En effet, toute la matiere étant répandue dans un espace infini, elle n'auroit jamais pu se réunir. Car ce n'est point par intelligence, ni de concert, que les premiers principes se sont réunis, qu'ils ont formé, dirigé, établi leur ordre, leur liaison, leur mouvement; mais la matiere nécessairement toujours en action, toujours en mouvement, s'étant rencontrée, heurtée & jointe de mille manieres différentes, a éprouvé toutes fortes d'unions, de formes, de combinaisons, & ce n'a été qu'à la fin, & après avoir essayé toutes les formes & transformations imaginables, qu'elle s'est arrêtée nécessairement à celles que nous voyons, qu'elle conserve depuis nombre de siecles. En effet, dès que toute la masse de la matiere se fut arrangée & disposée une fois convenablement, il fallut bien que les fleuves portassent en tribut leurs eaux abondantes à la mer; que les feux du soleil, en échauffant le sein de la terre, lui fissent renouveller ses productions; que tous les animaux se reproduisissent, se conservassent, & que les astres du ciel suivissent leur cours.

Ces choses n'arriveroient pas, s'il n'y avoit une matiere commune à tous les corps : matiere qui répare les pertes journalieres, & empêche la dissolution totale. Et de même que les animaux périssent, s'ils manquent de l'aliment qui leur convient, de même aussi toute la nature périroit, si une matiere abondante ne travailloit continuellement à réparer ses pertes & ses dissolutions. Il n'y auroit alors aucune force extérieure assez puissante pour préserver tous les êtres de la destruction & de la mort; car le choc fréquent des corps les uns contre les autres, retarde leur accroissement & leur développement, & ce n'est que par la surabondance de matiere que les réparations se font & que les choses se conservent. Si cette matiere manque, le corps se décompose, ses principes se désunissent, & libres alors de tout assemblage, ils se réunissent à la masse commune de toute la matiere : il faut aussi que la matiere, qui sert à la production & au développement, soit infiniment abondante pour suppléer à toutes les pertes & dissolutions ; & sa puissance doit être infinie pour fournir à tant d'actions & de directions différentes.

Sur-tout, mon cher Memnius, gardez-vous d'ajouter foi à ce que disent quelques Philosophes, qui soutiennent que toutes les choses sont forcées de se diriger vers un centre commun ; que l'univers peut fe conſerver fans le ſecours d'une matiere & de forces étrangeres ; que tous les corps ont une tendance naturelle & néceſſaire vers un même centre, ſi vous croyez pourtant qu'il y ait en effet quelque choſe qui puiſſe ſubſiſter par ſes propres forces,) qu'un corps puiſſe, par ſa propre action, ſe porter en haut, deſcendre enſuite par ſa peſanteur vers la terre, où il s'arrête & ſe repoſe, ſemblable aux mouvements de ces images que nous appercevons ſur la ſurface des eaux & dans les glaces. Car c'eſt en raiſonnant ainſi que ces Philoſophes prétendent qu'il y a des animaux errants dans les airs au-deſſus de nous, qui ne peuvent pas plus s'élever vers les régions ſupérieures du ciel, que nous ne pouvons nous-mêmes nous élever de la terre où nous ſommes, pour aller habiter les étoiles & les cieux. Ils diſent que, tandis que nous jouiſſons de la douce lumière du ſoleil, d'autres êtres, placés dans des régions ſupérieures, voyent les demeures éclatantes des ſaiſons, des jours, des heures & les brillants palais des

Dieux. Mais ces Philosophes se trompent ; il ne peut y avoir de centre dans un espace infini ; s'il y en avoit un, toutes les choses y tendroient nécessairement, & ne seroient dirigées en aucun autre lieu ; car soit qu'il y ait un centre ou non, le mouvement du corps, quelle que soit la direction, ne peut être arrêté par un espace vuide, & il n'y a pas dans tout l'univers un point où les corps étant parvenus, perdent leur pesanteur & s'arrêtent : le vuide ne peut faire obstacle, résister, ni arrêter le mouvement d'un corps dans quelque lieu que la nature le dirige.

Un corps ne peut jamais ni s'arrêter, ni se fixer : c'est en vain qu'on prétend que les corps tendent au centre par leur nature. Ceux même qui soutiennent cette opinion, conviennent qu'ils n'ont pas tous cette tendance ; qu'il n'y a que la terre, l'eau de la mer, des fleuves, des fontaines, & généralement tous les corps qui sont composés de la matiere de la terre, qui ont cette propriété. L'air, le feu, au contraire, s'éloignent du centre, & font briller de toutes parts les étoiles, dans le ciel ; c'est la chaleur de la terre qui forme dans les airs les tempêtes effrayantes, qui entretient le soleil & rend ses feux plus éclatants. La terre, à son tour, fournit à tout ce qu'elle produit la matiere propre à sa conservation : sans les secours de cette mere commune, les arbres, les fruits, les fleurs, les feuillages ne pourroient croître ni se développer : s'il n'y avoit une matiere qui réparât continuellement les pertes que font les corps, toute la vaste étendue de l'univers disparoîtroit comme l'éclair; toutes ses parties se perdroient bientôt dans les plaines infinies de l'espace ; tous les êtres feroient détruits ; les cieux, où se forment la foudre & les éclairs, la terre & tout ce qu'elle contient, tous les corps enfin, mêlés & confondus ensemble dans ce bouleversement universel, se perdroient dans l'immense étendue du vuide. Toutes les productions, toutes les merveilles de la nature disparoîtroient dans un seul moment ; l'univers ne feroit plus qu'un vaste désert où il n'y auroit que les premiers corps qui feroient désunis & séparés.

Car quelle que foit la nature de la compofition des corps, dès qu'elle n'eft plus retenue par aucun lien, la porte eft ouverte à la deftruction de tous les êtres, & la totalité de la matiere y fera bientôt entraînée.

Si vous lifez, mon cher Memnius, cet Ouvrage avec attention, vous concevrez aifément tout ce qu'il contient; vous pourrez, malgré l'obfcurité de ces matieres, pénétrer jufqu'aux myfteres les plus cachés de la nature; car l'intelligence d'une chofe mene facilement à celle d'une autre.

Fin du premier Livre.

TRADUCTION LIBRE DE LUCRECE.

LIVRE DEUXIEME.

IL est doux, lorsqu'on est en sûreté sur le rivage, de voir la mer agitée par la tempête, exercer sa fureur sur des malheureux; ce n'est pas que l'infortune d'autrui donne du plaisir, mais c'est qu'il est toujours doux de n'être que le témoin des malheurs qu'on ne partage pas. Il n'est pas moins doux de n'être que le Spectateur d'un combat cruel & sanglant que se livrent deux armées rangées en bataille; mais il n'est rien de plus doux & de plus satisfaisant que d'être admis & d'habiter dans les temples de la sagesse, d'où comme d'une montagne élevée qui commande à une vaste plaine, on puisse voir les mortels errants de toutes parts sur la surface de la terre. C'est du haut de son temple qu'on les voit mener une vie inquiete & incertaine, se disputer sans cesse les avantages de l'esprit ou les prérogatives de la noblesse, passer les jours & les nuits dans l'esclavage du travail pour assouvir leur avarice ou satisfaire leur ambition.

Malheureux mortels, esprits aveugles & insensés, quelle est votre erreur? Pourquoi employez-vous une vie dont le terme est si court dans les chagrins & les inquiétudes? Suivez la nature qui n'aspire qu'à vous rendre heureux & qui vous dit que pour l'être, il faut que le corps jouisse d'une parfaite santé, que l'esprit partage les plaisirs des sens & qu'il faut bannir la crainte & les soucis.

Les besoins que la nature nous donne sont bornés, les moyens de notre conservation sont faciles, il est aisé d'éviter la douleur. Si de superbes statues d'or ne soutiennent pas les flambeaux qui éclairent les fêtes de la nuit, fi l'or & l'argent n'éclatent pas de toutes parts dans les appartements; fi les lambris dorés, fi les palais magnifiques ne rétentiffent pas du bruit de concerts harmonieux, le défaut de cette opulence peut fe compenfer par des biens & des commodités plus durables. On peut fur les tapis naturels de l'herbe tendre, à la fraîcheur d'un ruiffeau qui arrofe la verdure d'une prairie, & fous les feuillages épais de quelques arbres touffus, goûter les plus doux plaifirs de la vie, fur-tout dans la faifon riante, où le printemps fait admirer le mêlange agréable des fleurs & de la verdure. Les maladies, la fievre ne refpectent pas plus le riche couvert d'or & de pourpre qui vit dans un Palais fuperbe, que le pauvre vêtu d'un habit fimple & groffier qui vit dans une chaumiere.

Je vais maintenant mon cher Memnius, vous entretenir de la puiffance productrice de la matiere, de la vie & de la mort; de la maniere dont fe forment les êtres & dont ils fe décompofent, de la force qui s'exerce fur la matiere premiere &

qui la contraint d'agir de telle ou telle façon, du principe du mouvement éternel de la matiere, de ses directions en tout sens dans la vaste étendue de l'espace. Prêtez une oreille attentive à mes discours. Les éléments des corps ne forment pas une masse tout-à-fait compacte, puisque nous voyons sensiblement la perte que font les corps, & qu'à la longueur du temps, toutes les choses se détruisent en vieillissant & disparoissent aux yeux. Mais la quantité de matiere premiere, reste toujours la même, un corps qui se décompose fournit des éléments qui servent à la composition d'un autre corps; si un être se détruit insensiblement, un autre s'augmente de ses débris, la matiere ne cesse jamais d'exercer son action & sa puissance. De cette maniere la jeunesse du monde est éternelle & les êtres ne font que se renouveller successivement. Tout se balance dans l'univers, la prospérité d'un Empire annonce la décadence d'un autre, les scenes du monde varient en très-peu de temps, & les êtres vivants ne font que se prêter successivement le flambeau de la vie.

C'est une erreur de croire que la matiere premiere puisse cesser un instant d'être sans mouvement, & que de cette inaction, il se forme de nouveaux mouvements, car les éléments de la matiere ne parcourent l'espace que parce qu'ils y sont déterminés ou par leur propre pesanteur ou par le choc de quelqu'un d'entre eux. Des éléments qui tombent d'en haut avec impétuosité en rencontrent d'autres sur leur passage, ils se heurtent & sont obligés de se réfléchir de différents côtés, ce qui ne doit pas paroître étonnant, puisque les éléments de la matiere sont doués d'une dureté absolue & que l'espace étant vuide, ils n'ont rien qui leur fasse obstacle d'aucun côté. Mais afin que vous conceviez encore plus clairement comment l'action & le mouvement de la matiere sont éternels, rappellez-vous que le monde n'a point de centre où la matiere puisse s'arrêter & se fixer. L'espace est vuide, il n'a ni bornes ni limites, il s'étend à l'infini dans tous les sens; c'est ce que je vous ai démontré ci-devant par des raisons claires & solides.

Les éléments des corps ne connoissent donc point le repos, leur mouvement dans l'espace est continuel, éternel & très-varié, les uns s'élancent fort loin après s'être rencontrés, les autres se touchant de fort près, s'unissent & forment, suivant qu'ils ont plus ou moins d'affinité ou de liaison, des pierres, des terres, du fer, & tous les autres corps de cette nature.

Ceux qui sont épars dans le vuide & qui laissent entre eux de plus grands intervalles, sont la matiere de l'air, de la lumiere, du soleil & des étoiles. Il y a en outre une infinité d'autres éléments qui sont errants dans le vuide, lesquels par leur mouvement & la diversité de leur figure n'ont jamais pu se réunir, ni servir à la formation d'aucun corps; nous en avons tous les jours une image assez vraie devant les yeux; considérez ce qui se passe, lorsque le soleil entre dans une chambre obscure par un petit trou, vous y voyez une traînée de matiere lumineuse

neuse composée d'une multitude infinie de corps très-petits, ils sont toujours en action, toujours en mouvement, c'est un combat perpétuel, où on les voit se heurter, se joindre, puis se séparer, rien ne représente mieux l'action de la matiere premiere dans l'espace, si les petites choses peuvent servir à l'intelligence des grandes.

Cette expérience mérite attention : ces petits corps dont les rayons du soleil nous font voir le mouvement & l'action, nous prouvent, si je ne me trompe, que la matiere est douée par elle-même d'un mouvement caché & imperceptible à la vérité. On voit ces particules changer souvent de direction, se porter d'un côté, en être repoussées, y retourner, & enfin agissant dans tous les sens, n'avoir aucune direction certaine. Cet effet ne peut arriver que par ce que les éléments des corps sont par eux-mêmes doués de mouvement. Les corps partagent la puissance des principes dont ils sont composés, ils reçoivent le mouvement par l'action imperceptible de ces mêmes principes,

Tome I. C

ils la communiquent enfuite à de plus grands ; ainfi le mouvement commence par la matiere premiere. C'eft elle qui le communique aux autres corps, qui peu-à-peu le rendent fenfible à nos fens ; car quoique nous ne puiffions pas voir la caufe qui agit fur ces petits corps, que la lumiere du foleil nous fait appercevoir, nous ne pouvons pas douter qu'elle ne foit produite par l'action des premiers principes.

Vous pouvez maintenant, mon cher Memnius, vous former une idée de la nature du mouvement des premiers corps. Lorfque l'aurore vermeille répand fes doux rayons fur la terre, & que les oifeaux voltigeant dans les bois, rempliffent l'air pur & ferein de leurs tendres concerts, avec quelle vîteffe le foleil qui s'éleve dans ce moment fur l'horizon, répand fa clarté dans toute la nature ! Cependant cette chaleur, cette lumiere agréable qu'il nous envoye, ne paffe pas par un efpace pur, fon mouvement eft retardé par la rencontre de l'air qu'il faut qu'elle pénétre, les parties de la lumiere ne le traversent pas les unes après les autres ; mais elles se ramassent toutes ensemble, elles se replient les unes dans les autres, & parce qu'elles trouvent des obstacles au dehors dans leur passage, leur mouvement est moins prompt : au lieu que les principes de la matiere, à cause de leur simplicité impénétrable, se meuvent librement dans toute l'étendue du vuide, & ne trouvant rien au dehors qui les arrête, ils arrivent toujours sans obstacle aux lieux où ils se dirigent. Leur mobilité doit être beaucoup plus grande que celle des rayons du soleil, & l'espace qu'ils parcourent dans le même temps beaucoup plus considérable, puisqu'ils ne sont point retardés ni détournés par quelque cause que ce soit : ils ne consultent pas sur la nécessité des choses, ils n'entrent point dans le détail de ce qui se passe dans la nature ; leur union & leur assemblage n'est jamais l'effet du conseil ni l'ouvrage de la raison.

Il y a des personnes qui n'étant pas suffisamment instruites, ne croient pas que la nature des premiers corps, sans le secours des Dieux, soit suffisante pour établir par des moyens simples & naturels, l'ordre des saisons & la production réglée des moissons : ils se persuadent que les Dieux président à tout, qu'ils dirigent même les plaisirs qui sont la source féconde de la vie ; que c'est par les attraits de l'amour qu'ils inspirent, que tous les animaux se perpétuent, & que le genre humain se conserve : ils disent que toutes les choses ont été formées de rien, par le pouvoir des Dieux. Mais que cette opinion me paroît absurde & éloignée de la vérité ! car quand je ne connoîtrois pas la puissance de la matiere premiere, je n'oserois pas moins en affirmer par une foule d'autres raisons, par la contemplation même de la nature, par l'imperfection de son travail, que l'univers ne peut être l'ouvrage des Dieux ; & ce que j'avance ici, sera développé plus tard avec beaucoup d'étendue.

Je reviens au mouvement. Aucune chose de nature corporelle ne peut s'élever en haut par son mouvement propre : la flamme qui s'éleve dans les nues & qui y reçoit de l'augmentation ; les arbres, les fleurs que la terre soutient dans l'air, ne doivent point faire illusion, car toutes ces choses tendent d'elles-mêmes en bas, dès qu'elles sont libres. La flamme qui s'éleve dans l'air, & qui dans un moment dévore les plus superbes palais, comme les plus viles chaumieres, n'est point portée dans les airs par son mouvement naturel, elle obéit à l'impression d'une force étrangere qui la force à s'élever. C'est ainsi que le sang jaillit de la veine avec impétuosité, & cede au poids qui le presse.

Voici une poutre qu'on enfonce dans l'eau, elle remonte avec vîtesse ; plus on la fait entrer en avant, plus elle s'éleve à la surface. Toutes les choses étant composées des éléments de la matiere, en ont nécessairement les propriétés : ce n'est que la contrainte & la force qui les élevent ; s'ils avoient la liberté d'agir suivant leur nature, ils tendroient nécessairement en bas, & si la flamme s'éleve vers le ciel, c'est qu'elle y est portée, car par les qualités de son propre poids, elle est attirée vers les parties inférieures.

Ces feux que dans une belle nuit d'été nous appercevons dans les airs, ces exhalaisons que nous prenons pour des étoiles & qui ont après eux une longue traînée de lumiere, lorsqu'ils ont promené leurs vapeurs brillantes dans le ciel, en descendent ensuite & se précipitent sur la terre. Le soleil même, quand il est au plus haut de son cours, ne répand-il pas ses feux sur tout l'horizon? ne fait-il pas briller sa lumiere sur toutes les campagnes? La chaleur de cet astre tend donc vers la terre? Ne voit-on pas aussi que le tonnerre grondant de tous côtés, au milieu de l'orage & de la pluie, fend les nues avec impétuosité, & tombe souvent sur la terre avec beaucoup de fracas.

Toutes les particules de matiere élémentaire, en parcourant l'espace & tendant toujours à descendre, sont contraintes par leur nature à s'écarter insensiblement de leur route, sans détermination de temps ni de lieu; ce changement imperceptible dans leur direction est la cause de leur puissanee; sans cela elles se précipiteroient droit dans le vuide, & semblables dans leur chûte à des gouttes de pluie, il n'y auroit entr'elles ni mouvement ni liaison; la nature ne pourroit rien produire. On se tromperoit beaucoup, si l'on prétendoit que les corps les plus pesants, en se portant avec impétuosité & par une route directe sur les corps les plus légers, forment par leurs liaisons & leurs rencontres des mouvements qui sont la source de toutes les productions. Comment cela pourroit-il se faire, puisque nous voyons que tout ce qui pénetre l'air & l'eau, précipite sa chûte suivant la qualité de sa pesanteur? car le corps fluide de l'eau, la nature déliée de l'air ne peuvent faire une égale résistance au passage des corps, & les choses les plus légeres sont obligées de céder aux plus pesantes. Mais il n'en est pas de même dans l'espace du vuide: aucune raison de temps ni de lieu, aucun obstacle ne peut empêcher le mouvement d'un corps, & le détourner de la direction de son mouvement; c'est pourquoi tous les corps, quoique d'inégale pesanteur, doivent se mouvoir dans le vuide avec une égale vitesse. Les corps les plus pesants ne peuvent, en tombant d'en-haut, rencontrer les corps les plus légers, & produire par eux-mêmes les différents mouvements qui sont nécessaires pour la p oduction & le développement de tous les êtres. Il faut donc convenir que les éléments de la matiere ont nécessairement dans leur chûte un mouvement de déclinaison imperceptible, qui les éloigne d'une quantité, très-petite à la vérité, de leur mouvement direct; car ne croyez pas que j'imagine de nouveaux mouvements obliques qui répugneroient à la vérité. Il est facile d'appercevoir, & nous le voyons clairement, que les corps graves ne peuvent par eux-mêmes, dans leur descente, se détourner de leur route; mais qui pourroit assurer que les éléments de la matiere ne se détournent un peu de cette premiere direction?

Enfin si tous les mouvements ont un enchaînement nécessaire, si toutes les productions nouvelles se forment des débris des anciennes avec un ordre constant; si les éléments de la matiere, en s'écartant de leur premiere direction, ne forment point un nouveau principe de mouvement qui s'oppose aux décrets de la destinée, & qui empêche qu'une cause ne soit dans tous les temps suivie d'une autre cause, je demande d'où vient la volonté libre dont jouissent tous les animaux ? Qui nous a donné la liberté si peu compatible avec les loix du destin ? N'est-ce pas elle qui détermine un chacun suivant qu'il lui plaît ? nous réglons nos mouvements, nous changeons de direction sans y être nécessités, ni par le temps, ni par le lieu; mais toutes les fois que nous le voulons, & on ne peut douter que la volonté qui nous est propre, ne soit la cause & le principe de toutes nos actions, & des mouvements qui se communiquent ensuite dans tous les membres.

Ne voit-on pas aussi-tôt que les barrieres sont ouvertes, que les chevaux frémissent d'impatience de ne pouvoir partir aussi promptement que leur ardeur & leur pensée les entraînent ? ne voit-on pas aussi que lorsqu'une force étrangere nous pousse avec violence, elle nous contraint d'avancer contre notre intention? nous ressentons alors au dedans de nous-mêmes une certaine puissance qui lui résiste. C'est cette puissance intérieure qui regle le mouvement de la matiere, qui le distribue dans tous les membres & dans toutes les parties du corps; qui, lorsque la matiere a été contrainte de s'éloigner, la remet en sa place, fixe son agitation & son mouvement. Il faut donc convenir que cette puissance appartient à la matiere premiere, & qu'il y a dans les éléments quelqu'autre cause de mouvement distincte de l'impulsion & de la pesanteur : c'est cette puissance qui nous donne la faculté d'agir librement, & qui est la cause que l'esprit n'est point intérieurement nécessité dans ses opérations.

D'ailleurs, la quantité de matiere a toujours été la même, l'étendue qu'elle occupe ne peut être ni moindre, ni plus grande; elle n'est point susceptible d'augmentation, ni de diminution, le mouvement qu'elle a aujourd'hui a été le même dans tous les temps & sera encore le même dans les âges futurs. Toutes ses productions, toutes celles qui se feront à l'avenir se font dans le même ordre & sous les mêmes conditions. Les loix de la nature sont invariables, nulle force n'est capable de changer la face de l'univers; il n'y a point de lieu hors du monde qui puisse favoriser la retraite de ces parties, & il n'y a aucune puissance qui en puisse troubler l'ordre & l'harmonie.

Il ne faut point être étonné que tous les principes étant dans un mouvement continuel, la masse de l'univers paroisse jouir d'un repos parfait & que plusieurs de ces parties aient un mouvement réglé; car les premiers corps se dérobant à nos sens par leur petitesse, nous ne pouvons appercevoir leur mouvement; nous voyons même souvent que les corps les plus sensibles, s'ils sont un peu éloignés de la portée de notre vue, nous cachent leurs propres actions. Voyez de loin dans une vaste prairie des brebis attirées par la fraîcheur de l'herbe tendre & par la douce rosée du matin, elles vont, viennent, reviennent pour chercher la nourriture qui leur convient. Les jeunes agneaux folâtrant fur la verdure, y font mille bonds & mille fauts. Leur mouvement cependant n'eſt pas fenſible à une certaine diſtance, tout le troupeau paroît être en repos & comme arrêté dans un même endroit; on ne diſtingue bien nettement que la verdure & la blancheur du bétail qui forme comme un voile blanc fur la prairie. Voyez cette armée marchant en ordre de bataille, ces eſcadrons poudreux traverſant les campagnes d'un pas rapide : l'éclat des armes brille de toutes parts, la terre frémit fous les pieds des chevaux, les cris des foldats répétés par les échos des montagnes voiſines, retentiſſent juſqu'aux cieux; cependant du fommet de quelques montagnes éloignées, on croiroit que ces feux & cette ſplendeur fortent du fein de la terre & que toute l'armée eſt dans un parfait repos.

D'après tout ce que je vous ai dit, vous ne devez point ignorer à préſent quelle eſt la nature des éléments des corps; folides, éternels, impénétrables, ils different l'un de l'autre par leur forme & leur figure, & quoiqu'il y ait un très-grand nombre d'éléments semblables, les mêmes corps n'en sont point composés pour l'ordinaire; cela ne doit pas paroître étonnant, car la matiere est si abondante que les premiers corps sont sans limites & sans nombre, & par conséquent ils ne doivent pas tous avoir la même forme ni la même figure.

Considérez les hommes, les animaux, tant domestiques que sauvages, les oiseaux, les poissons, les arbres, enfin tout ce qui vit & vegete; parcourez le bord des rivieres, des fontaines, des lacs, allez dans les forêts, dans les bois, dans les plaines, vous trouverez constamment une différence de forme & de figure dans chaque genre, dans chaque espece d'animaux.

Si tous les animaux se ressembloient, comment les meres pourroient-t-elles reconnoître leurs petits ? comment les petits pourroient-t-ils reconnoître leur mere ? mais ne voyons-nous pas que tous les animaux se reconnoissent entre eux & ne se meprennent presque jamais.

Souvent lorsque les autels sont encore fumants du sang d'un jeune chevreau, sa mere affligée qui ne le voit plus, le cherche avec inquiétude dans les bocages, elle jette par-tout des regards languissants pour découvrir le petit qui vient de lui être ravi; elle s'arrête incertaine de sa route, en frappant la terre de ses pieds, elle remplit les bois de ses cris plaintifs; accablée par sa douleur, elle revient souvent sur ses pas & retourne à l'étable pour le chercher; ni les tendres bourgeons des saules, ni les herbes fraîches, ni les rivages fleuris des ruisseaux ne peuvent lui donner de plaisir, ni la détourner de son inquiétude. Indifférente à tout, le jeune bétail qu'elle voit dans la prairie ne sauroit faire diversion à sa douleur; elle ne veut, ne cherche que le petit qu'elle aime, qu'elle connoît & qu'elle préfere à tout. Les tendres chevreaux, les jeunes agneaux, attirés par le bêlement de leurs meres ne se meprennent jamais; guidés par la voix de la nature, chaque petit dans le plus nombreux troupeau reconnoît sa mere & va chercher les mamelles qui le nourrissent.

Toutes les plantes dans une même espece se ressemblent à les considérer en général ; mais si on les examine en particulier, quelle différence ne remarque-t-on pas entre elles ? Voyez les différents coquillages que la mer apporte sur ses bords, quelle richesse de couleur, quelle variété de dessein ! On ne peut donc douter que les premiers corps élémentaires n'ayant point été créés, ni produits, existants par leur propre nature, ne soient essentiellement dissemblables entre eux.

C'est cette différence de forme & de figure des éléments qui nous met en état d'expliquer, pourquoi la foudre qui fait quelquefois tant de ravage, pénetre dans des lieux où le feu des matieres terrestres ne sauroit pénétrer ; c'est qu'elle est d'une matiere plus active, plus déliée que celle du feu ordinaire. Il en est de même de la lumiere qui passe au travers de certains corps que l'eau ne peut pénétrer. Le vin ne coule avec facilité au travers des mailles d'un linge que l'huile ne traverse qu'avec lenteur, que parce que les parties de matiere dont est composé ce dernier corps, sont plus liées, plus engaînées les unes dans les autres. Le lait, le miel, n'affectent agréablement le goût que parce qu'ils sont formés des éléments d'une matiere ronde & polie, dont le frottement procure des sensations délicates ; l'absynthe, la centaurée, au contraire ne déchirent violemment le palais que parce qu'elles sont composées d'une matiere anguleuse & serrée, qui en pénétrant les parties du corps, n'excitent que des sensations désagréables.

Toutes les choses enfin qui flattent nos sens, toutes celles qui les blessent sont certainement composées de principes, d'une forme & d'une figure différentes. Ce ne sont pas les mêmes éléments qui forment le bruit écorchant d'une scie & la douce mélodie d'une harpe harmonieuse, dont une main délicate & savante fait tirer des sons tendres & touchants. L'odeur infecte qui émane des cadavres, n'est point sans doute composée des mêmes éléments qui forment le saffran de Cilicie dont on fait usage sur les théatres, & les doux parfums de l'Arabie qu'on brûle sur les autels des Dieux : les couleurs tendres qui plaisent à la vue n'ont pas aussi les mêmes principes que celles qui l'affectent d'une maniere défagréable.

Il exifte d'autres principes qui tiennent comme le milieu entre ceux dont je viens de parler. Ils ne font ni tout-à-fait polis, ni tout-à-fait anguleux, leur furface ou plutôt leur extrêmité eft terminée par de petites pointes tant foit peu éminentes, de forte que ces corps chatouillent plutôt les fens qu'ils ne les bleffent. Enfin l'impreffion du froid & du chaud qui fe fait fentir différemment fur nos fens, nous fait voir clairement qu'ils font compofés d'éléments différents; car le toucher, j'en jurerois par les Dieux, ne peut être qu'une impreffion d'un corps fur un autre, foit intérieure, foit extérieure.

Les corps durs ne le font que parce qu'ils font compofés d'éléments très-ferrés, & repliés les uns dans les autres; tels font le diamant qui réfifte aux coups du marteau, les pierres, le fer, l'airain qui gémit fous la pefanteur des portes qu'il foutient: les corps liquides au contraire ne peuvent être compofés que d'une matiere liffe, ronde, polie, peu ferrée dans l'assemblage de ses parties; toutes les choses enfin qui se dissipent dans l'instant comme le feu, la fumée, la neige, le brouillard, doivent être formées d'une matiere moins polie, moins ronde, d'une tissure lâche, ils ne sont pas composés d'éléments tortueux, mais de petites pointes aigues avec lesquelles ils agissent sur les corps & pénétrent même les pierres & les rochers.

Certains corps peuvent être amers quoique fluides, comme l'eau de la mer, il suffit pour cela qu'ils soient terminés par de petites pointes pour exciter une sensation vive, & qu'en même-temps, ils soient ronds, pour pouvoir couler avec facilité : on peut se convaincre aisément que des principes ronds & anguleux peuvent se mêlanger ensemble; voyez l'eau salée de la mer, en se philtrant au travers des veines de la terre, elle perd son acreté & son amertume; elle forme en déposant ses sels, l'eau douce & tranquille des puits & des étangs. Dans son passage les particules ameres & anguleuses s'accrochent aux terres & s'y arrêtent. Les éléments des corps ne peuvent pas varier leur figure à l'infini. Si cela étoit, il y auroit de ces éléments qui auroient une grandeur infinie, mais une chose aussi petite qu'un élément, ne peut se diversifier de tant de manieres différentes.

Si les choses nouvelles étoient plus parfaites, plus achevées que les anciennes, il y a long-temps que les riches habillements des Babyloniens, que la pourpre superbe de Mélebée, formée des précieuses coquilles de Thessalie, que le paon remarquable par l'éclat des couleurs de sa queue qu'il déploye avec tant de fierté, auroient été effacés par des productions beaucoup plus riches. L'odeur agréable de la myrrhe, la douce saveur du miel ne seroient plus en usage; le chant harmonieux du cygne, les beaux vers d'Apollon, les tons mélodieux de sa lyre n'auroient pour nous aujourd'hui aucun agrément : on auroit vu naître sans cesse de nouvelles productions, plus achevées, plus parfaites que les anciennes, qui les auroient fait oublier. Mais la nature ne fuit point cette marche, chaque chose est renfermée dans des bornes prescrites ; les êtres sont limités dans leur grandeur, dans leur petitesse, & cette juste proportion dépend elle-même des limites qu'ont eux-mêmes les premiers éléments dans leurs figures.

Il s'enfuit de ce que je viens de vous dire que les corps élémentaires qui sont, par leur nature, limités dans leurs formes & leurs figures, sont infinis en nombre. En effet, puisque la différence des figures est limitée, il faut nécessairement que les éléments qui ont des figures semblables, soient infinis en nombre ; sans cela la somme des éléments seroit limitée, ce qui est impossible, comme je vous l'ai dit ci-devant. Les petits corps de la matiere premiere parcourent depuis l'éternité des siecles les abîmes infinis de l'espace, en continuant dans tous les sens le choc de leur impulsion différente ; car quoique la nature paroisse être moins féconde dans de certains climats, cette stérilité se trouve balancée dans d'autres régions. Des animaux qui semblent être stériles dans de certains pays, produisent abondamment dans d'autres. Les éléphants, par exemple, fi rares dans nos climats, font en fi grande quantité dans les Indes, qu'ils forment par leur nombre comme un rempart d'ivoire que rien ne peut forcer. Mais quand je vous accorderois qu'il n'y a fur toute la terre qu'une feule efpece d'animaux, il faudroit encore que vous convinfliez que, fans le fecours d'une matiere éternelle & infinie, elle ne pourroit avoir été produite, & fi fuppofé, elle l'eût été, elle n'auroit pu du moins, ni croître, ni fe développer.

Promenez pour un moment vos regards fur ce vafte univers, & jugez ce que produiroit une matiere dont les éléments feroient limités, de quel point du ciel partiroient ces éléments? où fixeroient-t-ils leur courfe? quelle feroit la caufe de leur mouvement? Comment dans un efpace infini, des éléments qui ne le feroient pas pour le nombre, pourroient-t-ils fe réunir & former les corps que nous appercevons? Il me femble, fi je ne me trompe, que leur affemblage feroit impoffible; leur mouvement dans l'efpace feroit l'image d'un naufrage, où l'on verroit flotter pêle-mêle, parmi les ondes irritées, des corps morts, des mâts, des antennes, des rames, tristes débris d'un élément perfide, dont les hommes devroient redouter la fureur, & auquel ils ne devroient jamais se confier, lors même qu'il les attire par un calme perfide & trompeur. De même si vous admettez une fois que les corps élémentaires sont limités pour le nombre, leurs mouvements différents les porteront de toutes parts dans l'immensité du vuide, ils seront poussés indifféremment de côté & d'autre, jamais ils ne pourront se réunir, & quand même ils le pourroient, leurs assemblages n'auroient point de solidité, ils ne pourroient ni croître, ni se développer par le défaut de cette matiere premiere.

L'expérience nous fait donc connoître que les corps élémentaires sont infinis en nombre, puisque nous voyons sensiblement la production & le développement des êtres qui s'augmentent & se perfectionnent par le moyen de cette matiere premiere; leur nombre infini fait la richesse de la nature, il la renouvelle sans cesse; les mouvements qui tendent à la destruction d'un être, sont balancés par d'autres mouvements qui tendent à sa conservation ; en tout temps les éléments se font une guerre continuelle avec des forces égales, la vie & la mort se succedent tour-à-tour, l'enfant qui naît & qui va jouir de la lumiere du jour, annonce qu'un être vient de périr, & il n'est point d'instant dans l'année où les cris des enfants naissants, ne soient mêlés aux larmes que font répandre les mourants. Il est constamment vrai que de toutes les productions de la nature, il n'en est aucune qui soit composée d'une seule espece de principes. Tous les êtres sont formés du mêlange de toutes sortes d'éléments, & plus un corps a de puissance & de force, plus il contient un grand nombre de principes variés. La terre renferme en soi une multitude de premiers corps, elle forme les eaux des fontaines qui forment à leur tour l'eau des fleuves qui se déchargeant dans la mer, l'augmentent & la renouvellent. Elle contient aussi des semences de feu, puisque nous voyons la terre embrasée dans plusieurs endroits, & que le mont Etna est célebre par l'impétuosité de ses flammes. Elle contient encore la matiere qui sert à la production & au développement des graines, des arbres, des fruits de toute espece, dont l'homme & les animaux font leur nourriture; c'est pourquoi on l'appelle la grande mere des Dieux, des hommes & des animaux.

Les anciens Poëtes Grecs qui l'ont célébré dans leurs ouvrages, l'ont représentée dans un char tiré par deux lions : ils disent qu'elle est suspendue dans les airs, & que la terre ne peut se reposer sur la terre; ils attelent des animaux féroces à son char, pour faire voir que les esprits les plus indociles peuvent être domptés & civilisés par une bonne éducation ; ils environnent sa tête d'une couronne murale, pour faire voir qu'elle est le solide appui des villes. C'est en la représentant ainsi, qu'ils sont parvenus à la faire révérer des nations avec une terreur religieuse. Divers peuples qui lui font des sacrifices, lui ont donné le nom d'Idéenne. Ils ont voulu qu'elle fût accompagnée

pagnée de troupes Phrygiennes, parce qu'ils croient que l'invention des bleds a été trouvée en Phrygie. Ils mettent à sa suite des eunuques, pour faire connoître que quiconque manque de respect à la mere des Dieux, ou qui est ingrat envers ceux dont il a reçu le jour, est indigne de se voir renaître dans une nombreuse postérité. Ils font entendre le bruit des petits tambours qu'ils battent avec leurs mains ; le bruit des timbales, le son enroué des cornets, l'accord de leurs flûtes montées sur un ton phrygien, animent leur courage, excitent leur ardeur : ils portent tous des dards à la main, pour exprimer leurs transports, & afin d'effrayer les ingrats & les impies par la crainte & le respect de la Déesse. Sa statue fait à peine son entrée dans les villes, que toute muette qu'elle est, elle fait le bien des mortels. Ils sement d'argent & de cuivre les lieux de son passage; ils lui font des offrandes abondantes ; ils parfument l'air d'une si grande quantité de roses & de toutes sortes de fleurs, qu'elles forment un ombrage sur cette Divinité & sur ceux qui l'accompagnent. Alors on voit paroître une troupe de gens armés que les Grecs nomment Curetes de Phrygie, ils font un bruit semblable à celui de chaînes qu'on remueroit; leur combat se fait en cadence & se termine par le plaisir de répandre un peu de sang, ils branlent les terribles crêtes qu'ils portent sur leurs têtes par respect pour cette Déesse; représentant ainsi ces Corybantes de Crete, qui autrefois, à ce qu'on dit, dérobérent avec tant de soin Jupiter à la colere de son pere. De jeunes enfants dansoient en cadence autour du petit Dieu, & par leurs coups redoublés sur des bassins d'airain, ils étouffoient les cris du jeune enfant, & déroboient ainsi le fils de Saturne à sa fureur, en épargnant à sa mere une douleur éternelle. Par ces gens armés au tour de la Déesse, on a prétendu qu'elle enseignoit aux hommes que la terre étant leur patrie, ils la devoient défendre par les armes, par leur courage, & qu'ils devoient être l'honneur, l'appui & le soutien de leur famille. Mais toutes ces choses, quoiqu'ingénieusement imaginées, sont combattues par la raison ; car les Dieux sont par leur nature immortels, ils jouissent d'une tranquillité parfaite, ils ne s'inquiettent pas de ce qui nous intéresse ; ils ne craignent pas la douleur ni le danger ; ils sont satisfaits de leurs propres biens ; ils n'exigent ni nos prieres, ni nos hommages ; nos bonnes actions ne sauroient les flatter, & nos fautes ne peuvent ni les irriter, ni attirer leur vengeance.

On voit souvent des animaux d'espece différente, comme la brebis, le cheval, le bœuf, se nourrir tous ensemble de l'herbe du même pré, respirer le même air, étancher leur soif au bord du même ruisseau, & néanmoins conserver tous la nature de leur espece & les habitudes qui leur sont propres, tant il y a de parties élémentaires différentes dans chaque sorte d'herbe, & dans les eaux d'un même ruisseau : c'est cette diversité qui est la base de la différence des parties dans chaque animal ; les os, le sang, les veines, les nerfs & toutes les autres parties du corps n'ont rien qui se ressemble, parce que les élémens dont chacune de ces parties est composée, sont très-différents par leur forme & leur figure. En parcourant ainsi tous les êtres de la nature, vous trouverez que chacun renferme dans son assemblage des éléments de matiere différente.

Les principes néanmoins ne peuvent s'allier de toutes sortes de manieres, sans cela les monstres seroient communs dans la nature : on y verroit des corps humains qui seroient demi-hommes & demi-bêtes ; un tronçon d'arbre seroit enté sur un corps vivant ; les animaux terrestres produiroient avec ceux de la mer ; enfin les Chimeres qui vomissent des torrents de feu & de fumée de leur gueule enflammée, dévoreroient toutes les productions de la terre ; mais on ne voit rien de semblable, parce que la nature produit toutes les choses de principes certains, qu'elles croissent & se développent avec ordre, & qu'une cause constante regle tous les phénomenes de l'univers.

Je passe maintenant à d'autres méditations que j'ai fait avec plaisir sur la nature des premiers corps : afin que vous ne croyiez pas, mon cher Memmius, que les corps qui vous éblouissent par la beauté de leur blancheur, & ceux qui nous frappent par l'éclat de leur noirceur, soient composés de particules élémentaires blanches ou noires, ni qu'aucun corps, quelque soit sa couleur, soit composé d'éléments de couleur semblable; la matiere premiere n'a aucune couleur, soit semblable, soit différente de celle des corps, & l'on se trompe certainement, si l'on croit que l'esprit ne peut se former l'idée des corps sans leur couleur; car les aveugles nés, qui n'ont jamais connu la lumiere du soleil, s'assurent néanmoins dès leur jeunesse par l'usage du toucher, de l'existence & de la forme des corps, quoiqu'ils n'aient aucune idée de leur couleur. En effet, si nous touchons quelque corps dans l'obscurité, nous en recevons de la sensation sans que sa couleur nous soit sensible. Une preuve encore que la couleur n'appartient point aux corps, ce sont les différents changements qu'elle éprouve. La couleur d'un corps s'affoiblit, s'altere, prend différentes nuances, ce qui ne

D iij

sauroit convenir aux éléments de la matiere premiere ; car il est nécessaire que dans tout corps qui se détruit, il y ait quelque partie qui soit fixe & immuable ; si cela n'étoit pas, toute la nature tomberoit bientôt dans le néant, car tout corps qui sort des limites de son être, périt, perd son essence & ses propriétés. N'attribuez donc pas aux principes des corps une propriété qui ne sauroit leur appartenir, & qui seroit la cause de la destruction universelle de tous les êtres.

Quoique les éléments des corps ne soient pas colorés, ils produisent cependant toutes les couleurs par la diversité & la disposition de leur différente figure, aussi leur mêlange, leur liaison, leur situation, l'ordre, la direction de leur mouvement sont fort importants pour expliquer avec facilité pourquoi de certains corps qui étoient noirs un peu auparavant, paroissent dans un instant blancs comme l'albâtre ; c'est ainsi que la mer étant agitée par des vents impétueux, change ses ondes bleues en une eau très-blanche.

Si les eaux de la mer n'étoient composées que d'éléments azurés, jamais ses flots ne pourroient paroître blancs. En effet, de quelque façon que se fît le mélange d'une matiere de couleur bleue, jamais elle ne pourroit paroître blanche. Si l'azur des mers étoit formé d'éléments de différentes couleurs, ainsi qu'une figure quarrée peut être formée par la réunion de plusieurs figures différentes, il faudroit que l'on pût remarquer dans les eaux de la mer les couleurs différentes & variées des éléments qui les composent, de même que l'on distingue dans ce quarré les différentes figures qui le forment. D'ailleurs l'union de figures dissemblables qui composent un quarré, n'empêche pas que cette figure ne paroisse telle à l'extérieur dans tout son contour; mais le mélange de plusieurs couleurs différentes doit nécessairement empêcher que la surface du corps qui en est composée, ne soit d'une seule & même couleur.

Comment seroit-il possible que les premiers corps fussent colorés, puisqu'ils ne sont pas sensibles à la lumiere, de qui les couleurs tirent leur origine? Comment les couleurs pourroient-elles exifter dans l'obfcurité, puifqu'étant foutenues de la lumiere du jour, elles changent, elles varient, elles répandent plus ou moins d'éclat, fuivant qu'elles réfléchiffent la lumiere du foleil d'une façon directe ou oblique. Cet aftre, lorfqu'il darde fes rayons fur le plumage qui pare la gorge des pigeons, en diverfifie les couleurs; tantôt il lui donne l'éclat du rubis, tantôt on diroit que le verd des émeraudes y eft mêlé avec l'azur : de même, quand le paon déploie fa fuperbe queue, on y voit briller les plus riches couleurs qui s'y forment par la réflexion de la lumiere; fans fon fecours elle n'auroit aucun éclat. Mais comme l'œil reçoit une impreffion différente, fuivant qu'il eft affecté par du blanc ou par du noir, ou par toute autre couleur, fi nous voulons juger d'un corps, nous ne devons pas en le touchant, nous arrêter à fa couleur, mais à fa forme, à fa figure qui agiffent le plus immédiatement fur nos fens. Il n'eft pas néceffaire par conféquent que les éléments de la matiere premiere foient colorés, puifque les différentes figures des corps suffisent pour nous les rendre sensibles.

D'ailleurs l'essence, la nature des couleurs n'étant point déterminée, les couleurs n'ayant point une forme qui leur soit propre, toutes les figures des premiers principes pouvant se rencontrer dans toutes sortes de corps colorés, pourquoi les choses qui sont composées de ces principes, ne seroient-elles pas chacune dans leur genre parsemées de toutes les couleurs des éléments qui les forment ? Il faudroit dans ce cas que le corbeau, à cause des principes blancs dont il seroit formé en partie, étalât de la blancheur, & que le cygne formé en partie par des atomes noirs, fît voir la noirceur de son plumage, ou quelqu'autre couleur simple ou mêlangée ; mais ne voyons-nous pas que plus une chose est coupée & divisée en petites parties, plus la couleur s'affoiblit ; elle disparoît même insensiblement, comme il arrive à l'or quand il est réduit en petites parcelles, ou à la pourpre de Tyr qui étant tirée fil à fil, perd tout son éclat. Ces faits peuvent servir à vous faire conroître que les parties des corps se dépouillent de leurs couleurs, avant même d'être réduites en leurs premiers principes.

Enfin, puisque vous convenez que tous les corps n'ont pas des organes propres à parler, ni la faculté d'exhaler des odeurs, vous ne leur attribuez pas à tous des sons & des odeurs ? de même puisque nos yeux ne peuvent appercevoir tous les corps, vous devez en conclure qu'il y en a nombre qui sont privés de toutes couleurs, comme il y en a qui sont privés de son & d'odeur.

Les éléments de la matiere premiere ne sont pas seulement privés de couleur, ils manquent encore de toutes les autres qualités des corps, comme du froid, du chaud, ils ne rendent aucun son, ils ne contiennent aucun suc, ils n'ont aucune odeur; & comme lorsque vous voulez faire du parfum composé de marjolaine, de myrrhe, de gomme & de la fleur de jasmin, qui exhale une odeur si agréable, vous choisissez l'huile la moins odorante, afin qu'elle n'altere pas les odeurs des autres ingrédients que vous mêlez avec elle, de même les principes de la matiere premiere ne peuvent point donner aux êtres qu'ils composent leur propre couleur, ni leur propre son, puisqu'étant solides & simples par leur nature, il ne peut rien émaner d'eux. Ils sont de même sans goût, sans saveur; ils ne sont ni chauds, ni froids, ils n'ont aucune autre qualité de cette nature, parce que toutes ces qualités des corps sont sujettes à l'altération, au changement, à la destruction; les corps étant mols, fragiles, durs, pleins de pores, à cause du vuide qui se rencontre dans l'assemblage de leurs parties. Toutes ces qualités ne peuvent donc convenir aux éléments des corps, si nous voulons donner une base solide & immortelle à la nature qui la mette à l'abri de l'anéantissement.

On est donc forcé d'avouer que tout ce qui a du sentiment, est formé par une matiere insensible; rien dans la nature ne contrarie cette opinion; tout nous persuade au contraire que les animaux sont produits & formés d'éléments insensibles. On voit des vermisseaux vivants, naitre de la pourriture que la terre a contractée par des pluies trop abondantes; presque tous les êtres se transforment successivement dans la substance des uns des autres. Les eaux des rivieres, des fleuves se convertissent en branches d'arbres, les gras pâturages se transforment en moutons, les moutons servent à la nourriture de l'homme & à son développement. Nos corps devenus la pâture des bêtes sauvages & des oiseaux carnassiers, se changent en leur propre substance & servent à réparer leur force & à les augmenter. Ainsi la nature change, transforme les aliments en des êtres vivants, & la nature insensible devient susceptible de sentiment en s'organisant. C'est ainsi que le bois sec s'enflamme, & que tous les corps se convertissent dans la nature du feu. Jugez donc combien il importe que les principes soient disposés avec ordre, que leur mélange se fasse avec choix, que leur mouvement & leur action soit réglé.

Si la sensation d'ailleurs n'étoit pas formée par une matiere insensible, quelle autre cause pourroit exciter l'esprit, lui donner du mouvement, & produire les différents fentiments que nous éprouvons : feroit-ce parce que les pierres, le bois, la terre mêlés enfemble, ne donnent aucun figne de vie & de fentiment, que nous aurions peine à le croire ? Mais rappellez-vous ce que je vous ai dit cidevant, que la fimple réunion des premiers principes ne fuffit pas pour produire le vivant & former des êtres fenfibles; cette production n'eft point celle d'un moment, elle dépend de la qualité des éléments, de leur petiteffe, de leur forme, de l'ordre, de la fituation & du mouvement qu'ils reçoivent dans leur concours & leur action : harmonie qui ne s'obferve pas dans la formation du bois, de la terre & des pierres; cependant lorfque ces matieres ont été diffoutes & corrompues par les pluies, on en voit naître des vermiffeaux de toute efpece, parce qu'alors les éléments qui les compofent, étant déplacés de leur fituation ordinaire, ils fe raffemblent & fe combinent de telle maniere qu'ils forment néceffairement des êtres vivants & animés. Si les êtres qui ont du sentiment, étoient produits par des principes sensibles, & que ceux-ci fussent formés d'autres principes de même nature, il faudroit admettre dans tous les animaux des principes mols; mais la main ou quelque partie du corps que ce soit, ne peut par elle-même, lorsqu'elle est séparée du corps, conserver de sentiments : la sensibilité d'une partie dépend de la sensibilité de toutes les autres parties du corps.

Ne voyons-nous pas d'ailleurs que les œufs des oiseaux se changent en des êtres vivants & animés; que les terres dissoutes & corrompues par des pluies abondantes & par la chaleur, produisent des vermisseaux de toute espece; que les choses qui ont du sentiment, se forment d'une matiere insensible. Mais il ne se fait point de génération, de production nouvelle, qu'elle n'ait été précédée de l'union des premiers principes : aucune chose ne peut subir de changement, sans qu'il se fasse une nouvelle combinaison des éléments; de sorte que le sentiment ne se forme dans l'animal que lorsque sa nature est entiérement formée. Car, toute la matiere premiere étant répandue dans l'air, dans la terre, dans l'eau & dans toutes les autres choses que cette même terre a produites de son sein, cette même matiere doit se réunir avec un ordre convenable pour entretenir la vie & l'équilibre dans le mouvement de l'animal, pour mettre en action ses sens, qui sont ses surveillants, & par le moyen desquels il se soutient, se conserve, & se met à l'abri des attaques qu'il peut recevoir du dehors.

Si tous les êtres vivans ne devoient leur sensibilité qu'à des principes sensibles, qu'arriveroit-t-il ? Il faudroit nécessairement que tout le fond de la matiere premiere fût capable par sa nature de rire, de pleurer; un élément de matiere pourroit demander à un autre, quelle est sa nature, son essence ? Ils seroient capables de parler, de discourir, car étant semblables aux animaux, ils seroient comme eux composés d'autres éléments, & ceux-ci devroient encore à d'autres leur assemblage, il faudroit ainsi remonter à l'infini, de sorte que le rire, la parole, la sagesse, seroient des êtres réels qui seroient composés d'éléments qui auroient les facultés de rire, de parler, d'être sage ; mais si l'on rejette cette opinion comme folle & extravagante, il faut convenir que la sagesse, les paroles, les ris n'ont point pour cause des principes doués de ces qualités, & qu'on ne peut par aucune raison solide refuser à tous les autres êtres sensibles d'être formés & produits par une matiere absolument insensible & destituée de tout sentiment. Tous les êtres tirent leur origine d'une matiere éternelle, c'est le fond inépuisable qu'emploie la nature; la terre qui reçoit dans son sein les pluies fécondes, s'en sert pour la production des hommes, des animaux & des végétaux; par les fruits, par les aliments qu'elle leur procure, elle maintient, elle perpetue leur espece & contribue à la douceur de leur vie, c'est ce qui l'a fait appeller la mere commune de tous les êtres. Tout ce qu'elle produit retourne toujours dans son sein, comme tout ce qui tombe de la moyenne région de l'air sur la terre y retourne par la suite. La puissance de la mort n'est pas telle qu'elle puisse anéantir les êtres tout-à-fait, elle n'a de pouvoir que pour détruire leur assemblage; les êtres qu'elle sépare, s'unissent à d'autres : c'est par elle que tous les êtres se transforment, changent de couleur ; que ce qui paroît sensible aujourd'hui, peut devenir au même instant insensible. Vous jugez donc de quelle importance est le choix dans le mêlange des premiers principes ; leur situation, leur mouvement, leur action ne sont point indifférents, puisque la même matiere forme le soleil, les astres, les hommes, les animaux, les plantes & toutes les choses de la nature. Une grande partie des petits corps qui composent cette matiere élémentaire, sont semblables : leur différente situation est la seule chose qui les distingue ; c'est pourquoi dans la formation des êtres, les principes en changeant d'ordre, de situation, de mouvement, d'action & de figure, transforment les corps & en produisent de nouveaux.

C'est à présent, mon cher Memnius, qu'il faut prêter toute votre attention pour voir la nature sous une face nouvelle, & pour vous convaincre que la doctrine que j'enseigne, n'est point contraire à la vérité. Les choses les plus faciles ne se persuadent pas toujours d'abord, & ce qui dans le commencement nous paroît grand & merveilleux, devient avec le temps médiocre & ordinaire. Si l'éclatante splendeur du ciel, si la brillante lumiere du soleil, de la lune & des astres qui parent la voute des cieux, venoit frapper nos regards pour la premiere fois, quel autre spectacle plus étonnant pourroit se présenter à nous! quels autres objets plus dignes d'admiration pourroit-on leur préférer? Cependant les mortels accoutumés à la beauté de ce spectacle, y font à peine attention. On en voit peu qui élevent leurs regards vers ces voutes éclatantes pour en contempler la grandeur & la magnificence. Ne les imitez pas ces mortels, mon cher Memnius, que la nouveauté de la doctrine que j'enseigne ne vous engage pas à la rejetter, ne craignez pas de faire usage de votre raison & de la liberté de votre esprit; embrassez la vérité, si elle brille à vos yeux; ne fuyez, ne combattez que l'erreur. Il y a hors de notre monde un espace qui s'étend à l'infini, c'est à vous de rechercher ce qu'il est, de voir jusqu'où vos regards peuvent l'atteindre, & d'accoutumer votre esprit à contempler la nature avec une pleine liberté. Rappellez-vous premiérement que la vaste étendue de l'univers considérée dans tous les sens, dans toutes les directions, est infinie de toutes parts; la nature de l'espace prouve cette vérité. Or, puisque une étendue sans bornes limite l'univers de tous les côtés, & que les petits corps de la matiere qui sont innombrables, en parcourant depuis des siecles infinis les abîmes immenses de cette étendue, doivent s'être rencontrés & heurtés de mille manieres différentes, il n'est pas vraisemblable que le ciel, les astres, la terre, soient les seules productions de tant de chocs & d'impulsions différentes, & que tant de corps de la matiere qui sont hors de l'enceinte de notre univers, demeurent inutiles & sans action, la matiere sur-tout ayant déja formé ce monde. Les principes éternels de toutes les choses se feront d'abord rencontrés sans dessein, sans choix, par hasard, ils auront formé mille essais de productions bizarres & diverses, qui se seront détruits successivement, jusqu'à ce que ces principes se réunissant ensuite avec ordre, auront formé le ciel, la terre, la mer & tous les animaux. On ne peut donc s'empêcher de convenir qu'il y a dans l'immensité de l'espace d'autres lieux, où la matiere premiere exerçant son action, a dû former des mondes semblables à celui que notre ciel renferme dans sa vaste étendue.

Lorsque la matiere premiere est abondante, que l'espace où elle se meut lui convient, que rien n'arrête son action, elle doit nécessairement travailler à la production de différents corps. Si la quantité des corps élémentaires est si considérable que la vie de tous les animaux ne seroit pas suffisante pour la nombrer, si les forces qu'emploie la nature sont égales en tous lieux, si ces forces exercent leur action de mille manieres différentes, il faut avouer qu'on doit trouver dans toutes les régions de l'espace, d'autres mondes, d'autres terres qui doivent être peuplés de toutes fortes d'efpeces d'animaux.

Le fpectacle de la nature eft une preuve de ce que j'avance, il n'eft aucune production qui foit feule de fon efpece, qui croiffe & fe développe feule. Confiderez les animaux, vous en trouverez nombre qui fe reffemblent & qui font race. Cet ordre de la nature eft commun aux hommes, aux animaux, foit qu'ils vivent fur les montagnes, dans les forêts, dans les plaines, dans l'air ou dans l'eau: d'où il faut conclure que le ciel, le foleil, la lune, la terre, la mer & toutes les autres chofes de cette nature, ne font point feuls & uniques dans l'univers, au contraire ils y font multipliés fans nombre, puifqu'ils ont comme toutes les autres productions dés bornes prefcrites à leur durée, & qu'ils font comme eux le produit de la réunion des premiers principes. Si vous comprenez bien toute cette doctrine, vous concevrez que la nature n'eft point l'efclave des fiers tyrans; qu'elle créa d'elle-même & par fa propre puiffance toutes les chofes fans avoir befoin du fecours des Dieux; car j'en atteste ces Dieux mêmes, qui menent une vie douce & tranquille dans une éternelle oisiveté, qui d'entr'eux pourroit se charger du sceptre du monde? Qui d'entr'eux pourroit d'une main sûre tenir les rênes de ce vaste empire? Comment donneroient-ils le mouvement aux cieux & la clarté aux étoiles qui brillent dans la nuit? Qui de ces Dieux voudroit dans tous les temps & dans tous les lieux animer l'univers par sa présence? Qui d'eux se chargeroit d'assembler les nuages pour former les orages & les tempêtes? Comment les Dieux seroient-ils les maîtres du tonnerre, puisqu'on voit la foudre détruire leurs propres temples, briser leurs autels, & que ses coups terribles frappent sans distinction l'innocent qui les adore, & l'impie qui les méprise.

Après la naissance du monde & la formation de la terre, de la mer, du soleil, une grande quantité de matiere premiere s'étant élancée de la masse totale, a embrassé toute la circonférence de l'univers. Cette quantité de matiere est ce qui sert à la réparation & à l'accroissement des terres, des eaux; c'est de-là que le ciel s'est étendu, que ses voûtes brillantes se sont élévées au-dessus de la terre, que l'air a pris naissance, car tous les corps élémentaires se rendent de toutes parts aux lieux qui leur sont propres, ils se joignent chacun à ceux de leur espece. L'eau s'accroît & s'augmente par des particules d'eau; l'air par des particules d'air, le feu par des parties élémentaires de feu, jusqu'à ce que la matiere, cette maîtresse universelle de tous les êtres, les porte à leur derniere perfection. Ainsi quand un animal ne prend qu'autant de nourriture qu'il en perd par la transpiration, c'est là le terme de l'âge parfait, c'est alors que la nature emploie sa puissance pour prescrire des bornes à son accroissement & à son développement, car tous les animaux que vous voyez croître peu-à-peu, & qui parviennent au dernier degré de leur devéloppement, doivent recevoir plus de substance du dehors qu'ils n'en perdent par la transpiration; mais quand le développement est fait, en entier, alors les forces s'énervent peu-à-peu, la vigueur de l'âge se perd, & le corps s'affoiblit; la nouriture n'est plus alors portée facilement dans les veines, elle ne suffit pas pour réparer tant de pertes, ni pour veiller à sa conservation. De sorte que tous les corps tendent à leur destruction, lorsque les parties qui les composent se désunissent, & que les impressions qu'ils reçoivent du dehors, sont trop multipliées; ainsi les murs élevés de la machine immense de l'univers, ébranlés jusques dans leur fondement, s'écrouleront un jour & tomberont en ruines, car la nature ne fournit pas toujours tout ce qui seroit utile au soutien & à la conservation de toutes les choses, déja même le temps semble avoir diminué toutes ses productions, & la terre comme lassée d'être féconde, produit à peine aujourd'hui de petits animaux, elle qui autrefois en produisoit de toutes les especes, & donnoit aux bêtes sauvages une force & une grandeur qui nous paroîtroit aujourd'hui extraordinaire; car, si je ne me trompe, tous les animaux ne sont pas descendus du ciel sur la terre par une chaîne d'or; la mer, ni les flots qui se

brisent

brisent contre les rochers, ne les ont point produits; mais la même terre qui aujourd'hui les nourrit & les conserve, les a autrefois formés de sa propre substance, c'est de son sein qu'elle a fait naître d'abondantes moissons & des vignobles agréables pour le bien des mortels, c'est elle qui a produit les fruits les plus délicieux & les pâturages fertiles que l'on obtient à peine aujourd'hui avec beaucoup de travaux & de fatigue. Elle semble rejetter nos soins & nos peines, les bœufs épuisent leurs forces sans beaucoup de succès, le soc de la charrue s'use à force d'ouvrir des sillons sur la terre, le laboureur se consume par l'excès du travail, & à peine la terre procure-t-elle ce qui est nécessaire à notre subsistance; la fertilité semble diminuer à mesure que les travaux & les peines augmentent, déja le cultivateur désolé se plaint de ce que la nature n'a que trop souvent trompé ses espérances. Et quand il compare les siecles passés au temps présent, il porte envie à la prospérité de ses peres, il gémit de sa situation, il se plaint de ce que les premiers hommes couloient leurs jours dans le repos & la tranquillité, contents d'une fortune médiocre, & il ne fait pas attention que c'eſt une loi néceſſaire de la nature que tout s'épuiſe à la longue, & que le temps eſt l'écueil où tous les êtres font naufrage.

Fin du deuxieme Livre.

TRADUCTION LIBRE DE LUCRECE.

LIVRE TROISIEME.

O Épicure! l'honneur de la Grece, vous qui avez fait briller la lumiere du savoir au milieu des ténebres de l'ignorance, pour nous servir de flambeau dans la conduite de la vie, je marche avec confiance dans la carriere brillante, que vous m'avez tracée; non que je prétende lutter contre vous, mais par le desir passionné que j'ai de vous imiter. L'hirondelle oseroit-elle le disputer pour le chant au cygne, & le timide agneau oseroit-il comparer sa marche incertaine avec la course rapide d'un jeune coursier?

Vous avez créé la science de la nature, vous en êtes le pere, vous nous avez donné des préceptes comme à vos enfants chéris; & de même que les abeilles vont recueillir le miel sur les fleurs, on puise dans vos écrits des maximes qui donnent le bonheur & qui dureront éternellement. Dès que les secrets de la nature vous ont été révélés, on a été convaincu que le monde n'est point l'ouvrage des Dieux; la crainte alors n'a plus eu d'empire sur l'esprit des mortels; les bornes du monde ont disparu; on a connu la naissance, la production & le développement de toutes les choses. On n'a plus craint de contempler la majesté des Dieux dans leurs demeures tranquilles; les vents ne sauroient ébranler leur heureux séjour; les nues n'y portent point de pluies; le froid, l'orage, la tempête n'en violent point la sainteté. Leur demeure toujours pure & sereine brille d'une lumiere éclatante qui y répand sans cesse de nouveaux agréments.

La natute procure à l'homme tout ce qui lui est nécessaire; rien dans aucun temps ne doit troubler la tranquillité de son ame. Il n'a plus rien à redouter de l'affreux tartare : on ne lit plus au sommet de cette horrible caverne, ces paroles effrayantes : *O Mortels, qui entrez dans ces lieux, vous n'avez plus d'espérance!* L'épaisseur de la terre n'empêche pas qu'on ne connoisse ce qu'elle renferme dans son intérieur. Un transport enthousiaste me saisit, lorsque je pense, sage Épicure, que c'est par votre puissance que la nature se montre ainsi à découvert à mon esprit de toutes parts.

Je vous ai parlé ci-devant de la matiere premiere, de son mouvement éternel dans l'espace, de la maniere dont les corps peuvent être produits par le choc alternatif des éléments; il faut maintenant vous entretenir de la nature de l'ame & de l'esprit, afin de vous aider à bannir entiérement cette crainte ridicule des rives de l'Achéron, dont l'image effrayante trouble la tranquillité de la vie, imprime sur toutes les choses les horreurs de la mort, & ne nous laisse goûter aucune volupté parfaite.

Quoique les hommes assurent souvent qu'ils sont fortement persuadés que les maladies, le deshonneur, l'infamie sont plus à redouter que la mort, qu'ils ne doutent pas que la nature de l'ame ne consiste que dans le sang, qu'ils n'ont pas besoin de mes raisons pour s'en convaincre davantage ; soyez sûr que ces discours sont plutôt un témoignage de leur vaine ambition & de la louange qu'ils desirent, que de leur propre sentiment, car ces mêmes hommes exilés de leur patrie, bannis de toute société, haïs & détestés pour l'énormité de leurs crimes, exposés à toutes les horreurs de la vie, desirent encore de la conserver. En quelque lieu que ces malheureux portent leurs pas, ils célebrent les obseques des morts, ils immolent des brebis noires aux Divinités infernales; & plus ils sont pressés par l'adversité, plus ils ont recours à la religion.

C'est dans l'infortune & l'adversité que l'homme fait connoître sa fermeté ou sa foiblesse; c'est dans le malheur qu'on exprime ses véritables sentiments : le masque tombe alors, & l'ame se montre à découvert. L'avarice insatiable, l'ambition effrenée portent les mortels insensés à violer toutes les loix de la juſtice; elles les familiariſent avec les crimes dont elles les rendent les miniſtres; elles leur font ſupporter un travail opiniâtre pendant les jours & les nuits, pour acquérir d'immenſes richeſſes, ou atteindre à un pouvoir extrême. Ces maux de la vie ſont produits en grande partie par la crainte de la mort, car il ſemble que l'infamie, le mépris, l'affreuſe pauvreté ſoient incompatibles avec une vie douce & tranquille, & que les traits du malheur ſont bien émouſſés aux portes du trépas : d'où vient donc que les hommes ſe voyant preſſés par de vaines terreurs, cherchent à s'éviter eux-mêmes; ils allument la guerre civile dans leur patrie; ils ajoutent maſſacres ſur maſſacres pour augmenter leurs richeſſes; ils ſont même aſſez cruels pour ſe réjouir de la triſte mort de leurs peres, de leurs parents; les tables délicates de leurs voiſins ſont pour eux des objets de cenſure ou d'envie : c'eſt par la même crainte ou pour les mêmes raiſons que la préſence des hommes élevés en dignité ou comblés d'honneur, leur eſt odieuſe; que l'envie les dévore, & qu'il s'allume dans leur ame une paſſion folle & inſenſée pour la gloire. Ils ſe perſuadent que leur nom n'a point d'éclat, qu'il eſt enſeveli dans la pouſſiere. Ils périſſent pour la vanité de quelques ſtatues & d'un peu de vaine gloire; ſouvent ils déteſtent la vie par l'appréhenſion de la mort; ils ſe la donnent eux-mêmes dans l'excès de leur douleur, ne ſe doutant point que cette crainte eſt la cauſe premiere de leur ennui. Elle leur ôte tout ſentiment de l'honnêteté, leur fait rompre les nœuds les plus ſacrés de l'amitié, & renverſe la piété juſques dans ſes fondements. Souvent ils ont livré leur patrie, & trahi leurs meilleurs amis, par l'eſpoir d'éviter les lieux conſacrés au ſéjour des ombres éternelles; & de même que les enfants tremblent & ſont effrayés de tout dans les ténebres, de même nous craignons ſouvent à la lumiere, des choſes qui ne ſont pas plus à redouter que celles qui effrayent les enfants dans l'obſcurité, & qui leur figurent des ſpectres affreux. Pour diſſiper ces vaines terreurs, la lumiere éclatante du ſoleil, ni les traits brillants du jour ne sont pas nécessaires, mais la contemplation de la beauté de la nature & l'usage de la raison.

Je dis premierement que l'esprit que l'on prend souvent pour l'entendement, est le mobile de la vie & l'organe du sentiment. Il est une partie aussi essentielle & aussi distincte de l'être vivant, que les mains, les pieds, les yeux. Il n'est point le résultat de l'harmonie de toutes les parties du corps, puisque nous voyons souvent que le corps est malade, lorsque l'esprit ne l'est pas, & que quelquefois au contraire l'esprit est foible & languissant, lorsque le corps a toute sa vigueur & jouit de la santé la plus parfaite. Mais si la chaleur diminue, si l'air ne fournit plus à la respiration, alors le sang, les nerfs perdent le mouvement avec la vie : il y a donc dans nos corps un esprit vital & une chaleur innée qui ne nous abandonnent qu'à la mort ?

L'ame & l'esprit sont si étroitement unis l'un à l'autre, qu'ils ne forment qu'une seule & même nature. Le siege de l'esprit & du sentiment est au cœur, puisque c'est dans cette partie qu'on reffent les impreffions de la crainte, de la douleur, de la joie & du plaifir; l'ame eft répandue par tout le corps, elle eft dépendante de l'efprit, il en regle & en ordonne tous les mouvements; mais pour lui libre & indépendant, fa fageffe & fes plaifirs intérieurs font fes propres biens. Il jouit feul de cette prérogative dont le corps & l'ame font privés, & de même que la tête peut reffentir de la douleur fans que le refte du corps en foit affecté, de même l'efprit peut recevoir l'impreffion du plaifir ou de la douleur, fans que l'ame en reffente aucune impreffion, ni éprouve le moindre changement. Mais fi l'efprit reçoit l'impreffion d'une terreur extraordinaire, l'ame auffi-tôt la partage & la fait éprouver à tous les membres. Auffi-tôt une fueur froide, une pâleur livide s'empare du corps, la langue s'embarraffe, des paroles fourdes & entrecoupées fortent avec peine du creux de la poitrine, les yeux obfcurcis font fixés vers la terre, les oreilles n'entendent que des fons bruyants, les jambes ne peuvent plus fe foutenir fous les genoux tremblants,

& on chancele fur les pieds. On voit enfin que la terreur qu'éprouve l'esprit, fouvent abbat le corps ; d'où l'on doit conclure que l'ame eft unie très-étroitement avec l'efprit, & qu'elle communique à fon tour aux différentes parties du corps les mouvements & les impreffions qu'elle reçoit de l'efprit. Ces effets ne nous permettent pas de douter que la nature de l'ame & de l'efprit ne foit corporelle, puifqu'elle peut communiquer le mouvement & la fenfation aux membres, les retirer du fommeil où ils font plongés, changer les traits & la couleur du vifage, maîtrifer & gouverner le corps à fa volonté, effets qui ne pourroient avoir lieu fans le toucher ; & comme rien ne peut être touché ni recevoir d'impreffion que par un corps, convenez donc que l'ame & l'efprit font d'une nature corporelle, puifqu'ils donnent des fenfations & qu'ils en reçoivent. D'ailleurs nous voyons que l'efprit eft fujet à toutes les impreffions du corps, & qu'il partage tous les accidents qui lui arrivent, preuve nouvelle que fa nature eft néceffairement corporelle, puisqu'il est soumis à l'action d'un être corporel.

L'esprit est composé d'éléments très-actifs, très-déliés, puisqu'il n'est rien de plus prompt que les choses que l'esprit imagine & qu'il entreprend de faire. Or, ce qui se meut avec tant de promptitude doit être composé d'une matiere très-active, pour céder ainsi à la moindre impression du mouvement qu'il reçoit; semblable à l'eau dont le mouvement facile est l'effet de la mobilité & de la petitesse des éléments qui la composent. L'esprit doit être d'une tissure extrêmement déliée, si vous considérez l'homme au moment que la mort s'est emparé de ses sens, car alors l'ame & l'esprit se sont retirés du corps, & cependant on n'apperçoit aucun changement dans la forme extérieure, le corps conserve la même pesanteur, la mort lui laisse tout hors le sentiment & la chaleur, semblable à quelque doux parfum qui ayant exhalé son odeur dans les airs, ne change point pour cela de forme, de grandeur & ne perd rien de sa pesanteur, parce que l'odeur, le goût, la saveur, tout se produit d'une matiere si petite & si déliée, qu'ils peuvent donner aux corps ces qualités, sans rien ajouter à leur pesanteur. La nature de l'ame & de l'esprit n'est cependant pas simple, car un certain souffle mêlé de chaleur, sort de la poitrine des personnes expirantes, & cette chaleur entraîne des parties d'air avec elle, parce que par-tout où il y a de la chaleur, l'air y est mélangé, à cause qu'étant d'une nature très-rare, il faut que des éléments d'air entrent dans sa composition ; ainsi l'ame & l'esprit sont formés de trois éléments différents de souffle ou de vent, d'air & de chaleur ; mais ces trois éléments ne suffisent pas pour produire la pensée, il faut en admettre un quatrieme d'une nature encore plus active, plus déliée que les trois autres. Ce quatrieme élément est la cause premiere de toute sensation, il imprime le mouvement à la chaleur qui le communique au vent de qui l'air le reçoit, & le communique à son tour à tout le corps : c'est alors que le sang s'agite dans les veines, toutes les parties intérieures de l'animal deviennent sensibles ; le mouvement se communique a la moëlle, aux os, & on éprouve le sentiment de la douleur ou du plaisir.

Le mélange de ces quatre éléments ne forme qu'une seule & même nature ; ils agissent de concert & d'intelligence, le vent, l'air, la chaleur sont distribués avec ordre dans toutes les parties du corps, il ne résulte de leur correspondance qu'une même action. Le quatrieme élément plus actif, plus délié que les trois autres, pénetre plus intimement toutes les parties du corps, il est comme l'ame de l'ame, il la gouverne à son gré.

Ces éléments dont l'ame & l'esprit sont composés, sont en plus ou moins grande quantité dans chaque corps. La chaleur domine dans les tempéraments coleres & irascibles, le vent est la source de cette crainte timide qui accompagne le cerf dans les forêts, l'air domine chez ceux dont la tranquillité de l'ame s'annonce par un visage calme & serein. Tous les animaux ont une nature, un tempérament qui leur est propre ; il en est de même de nous, malgré tous nos soins pour orner notre esprit, pour perfectionner notre être, nous ne pouvons pas entiérement effacer les premieres impressions de la nature. Quelques sublimes, quelques élevées que soient nos vertus, elles ne peuvent jamais détruire jusqu'aux dernieres racines du vice, & empêcher que celui-ci ne se laisse entraîner par son tempérament aux mouvements de la colere, cet autre à la crainte & qu'un troisieme enfin ne soit doué d'une nature qui le porte à une vie douce & tranquille. C'est même une nécessité que chaque homme soit d'une nature différente, & que les inclinations qui en résultent soient exprimées diversément, & quoiqu'on ne puisse développer les causes secretes de toutes ces différences, ni donner des noms à tous les effets qui en résultent, à cause de leur extrême variété, je puis néanmoins assurer par moi-même que ces premieres impressions de la nature que la raison ne peut détruire tout-à-fait, peuvent être au moins tellement affoiblies, qu'il n'est point impossible à l'homme d'atteindre à une vie douce, tranquille & digne des Dieux.

Cette nature est donc répandue partout le corps, elle en est le soutien principal, elle veille à sa conservation: l'ame & le corps sont si étroitement unis & liés ensemble que les séparer, c'est le détruire. Dès le premier moment de leur formation ils ont eu des rapports communs, ils ont reçu la vie sous les mêmes conditions : le corps seroit sans sentiment, sans le secours de l'esprit, & l'esprit seroit sans action sans les organes du corps ; c'est ce concert mutuel, ce sont ces mouvements réciproques qui forment la sensation & qui produisent le sentiment.

L'ame n'a pas cependant seule la propriété de ce mouvement qui porte le nom de sensation, le corps est sensible comme elle ; & si le corps est sans sentiment, lorsque l'ame en est séparée, c'est que le sentiment n'est que l'effet de leur concours mutuel : aussi ne s'apperçoit-on pas dans le cours de la vie, qu'à mesure que le corps s'affoiblit, les facultés de l'ame s'affoiblissent également.

Il paroît bien absurde d'assurer que les yeux n'ont pas la puissance de voir les objets, qu'ils ne sont que des passages corporels par lesquels l'esprit voit & apperçoit. La sensation même de la vue prouve le contraire, particuliérement lorsqu'une lumiere trop forte vient frapper cet organe; car alors elle efface l'éclat de toute lumiere plus foible, & blesse les yeux, ce qui n'arriveroit point, si les yeux n'étoient que les fenêtres de l'ame: car il est certain que les portes ou fenêtres par lesquelles les objets se présentent à nous, n'ont ni peine ni plaisir. Si les yeux d'ailleurs n'étoient que les fenêtres de l'ame, il faudroit qu'en les arrachant, l'ame qui n'auroit plus ces obstacles, vît les objets avec plus de facilité & de netteté, ce qui n'arrive pas.

Les éléments qui forment l'ame, doivent occuper autant d'espace, qu'il est nécessaire pour exciter dans tous les membres les impressions de la sensation. C'est pourquoi fort souvent la poussiere qui s'attache à notre corps, la craie volatile que le vent entraîne, la rosée, le brouillard & les filets déliés des toiles d'araignée dont nous sommes quelquefois enveloppés en marchant, ne font sur nous qu'une très-legere impression. Nous ne sentons sur nos têtes ni les plumes des oiseaux, ni les fleurs voltigeantes des chardons, qui semblent résister à leur chûte par leur légereté; nous ne sentons pas aussi sur nos corps la marche lente des reptiles, ni les traces déliées des moucherons & des autres animaux de cette nature, tant il est vrai que pour exciter de la sensation dans l'ame & mettre ses principes en mouvement, il faut le concours d'un grand nombre d'éléments, qui recevant les impressions du dehors, réagissent ensuite sur elle & les lui communiquent.

Cependant l'esprit a plus de puissance & d'empire sur la vie, sur les sens que l'ame. Sans l'esprit il n'y a aucune partie de l'ame qui puisse subsister un seul instant. L'ame fuit l'esprit, lorsqu'il se sépare du corps, elle s'évanouit dans les airs avec lui, & son départ ne laisse aux membres que le froid & la mort en partage: mais un corps, quoique mutilé dans toutes ses parties, conserve la vie tant que l'esprit subsiste en entier, & le tronc même d'un corps quoique privé de ses membres & de l'ame, ne laisse pas de vivre & de respirer.

Je vais maintenant vous faire comprendre que l'esprit & l'ame étant l'ouvrage de la production, sont soumis aux loix de la destruction & de la mort. Je traiterai ce sujet important d'une maniere digne de vous, souvenez-vous seulement, mon cher Memnius, de ne point faire de distinction entre l'ame & l'esprit, d'appliquer à l'un ce que je dirai de l'autre; de sorte que lorsque je vous aurai démontré que l'ame est mortelle & périssable, vous concevez que l'esprit l'est aussi, car il n'y a rien de plus étroit que leur union.

Le corps & l'ame naissent en même-temps, ils se développent, croissent, augmentent, vieillissent & périssent ensemble; dans un âge tendre, lorsque le corps manque de force, l'esprit est foible & incertain, mais à mesure que le corps acquiert de la vigueur, qu'il se fortifie, l'esprit augmente, le jugement se perfectionne, les facultés de l'ame s'étendent, mais lorsque le corps est accablé par le poids de l'âge, que tous les membres ont perdu de leur force, l'esprit dépérit, on retourne en enfance, on délire, on déraisonne ; par conféquent la nature de l'ame femblable à la vapeur, fe perd & fe diffipe dans l'air, puifqu'elle naît & croit avec le corps & que par la fuite de l'âge, elle devient comme lui foible & infirme.

Ne voit-on pas que lorfque le corps eft livré à de grandes maladies, à des douleurs cruelles, l'efprit partage fes fouffrances, il s'inquiete, il s'allarme, il fe plaint ? fouvent, lorfque le corps eft malade, l'efprit incertain perd le fil de fes idées, ou extravague, ou perd toute fa raifon. Quelque fois une profonde létargie fupprime tellement tous les mouvements, que l'efprit femble être plongé dans un fommeil éternel ; la tête eft penchée fur la poitrine, les yeux expirants font fixés vers la terre, on ne reconnoît pas le vifage de ceux qui nous entourent, on ne voit point les larmes dont leurs yeux font baignés, on méconnoît la main qui nous donne du fecours. Puifque l'efprit n'eft point impénétrable au mal, il faut donc convenir qu'il périt comme le corps ; car la douleur & la maladie font les éléments de la mort, & les inftruments dont elle se sert pour nous détruire.

Lorsque les fumées du vin montent à la tête, on éprouve de la pesanteur dans tous les membres, on marche d'un pas chancellant, la langue s'épaissit, on balbutie, l'esprit déraisonne, les yeux roulent dans la tête; les cris, les sanglots, les querelles & tout ce qui est inséparable de la débauche outrée s'ensuit aussi-tôt. Comment cela arriveroit-il, si ce n'est que le vin en pénétrant le corps, s'attaque à l'ame, & jette le désordre & la confusion dans l'économie de toutes ses parties? mais tout ce qui peut être troublé & empêché dans l'exercice de ses fonctions par une cause extérieure, nous fait voir que si une cause plus puissante venoit à agir, il périroit & perdroit pour toujours l'espoir de jouir d'un âge plus avancé. Voyez un homme attaqué tout d'un coup de l'épilepsie, on le croiroit frappé de la foudre, son visage se couvre d'écume, il pousse des gémissements, tous ses membres frissonnent, ses nerfs s'allongent, la douleur le met hors d'haleine, il se fatigue, roule son corps de tous côtés, il extravague ; tant la violence du mal en se répandant, & en pénétrant toutes les parties de son corps le maîtrise, & agit puissamment sur son ame. C'est ainsi que les ondes écumantes de la mer se soulevent & frémissent par le choc impétueux des vents. La douleur lui arrache des gémissements, les paroles qui sortent de sa bouche sont entrecoupées, tout annonce sa démence, car l'ame & l'esprit en partageant les atteintes du mal, se divisent & perdent leur force, leur puissance & toute leur liberté. Mais dès que la cause du mal cesse, dès que le venin se retire, le malade se releve d'abord avec peine, ses premiers pas sont chancelants, il reprend ses sens peu-à-peu, & son ame retourne bientôt à ses premieres fonctions. Or, si l'ame contenue dans le corps, est exposée à de si cruelles atteintes, si ses fonctions peuvent être troublées & arrêtées de tant de manieres différentes, comment pourroit-on croire que l'ame étant séparée du corps, pût subsister un seul moment dans l'air, parmi les vents, les orages & les tempêtes ?

La médecine qui employe avec succes des remedes pour les maladies de l'ame, comme pour celles du corps, nous apprend encore par-là que l'ame est nécessairement sujette aux loix de la mort; car pour guérir & remettre l'esprit dans son assiette ordinaire, cela suppose un changement, une addition ou une soustraction de parties ; or il est impossible que ce qui est immortel, change l'ordre & la situation de ses parties, il ne peut être augmenté ni diminué; car tout corps qui passe les limites que la nature lui a prescrit, qui change de disposition & d'assemblage, périt & n'est plus le même composé. L'esprit, par conséquent, tant dans l'état de santé que de maladie, nous donne toujours des marques certaines qu'il est né mortel & périssable. Et tel est l'empire de la vérité, qu'elle triomphe toujours tôt où tard des arguments d'une fausse raison & des vains raisonnements qu'on lui oppose.

Nous voyons souvent l'homme dépérir sensiblement, le sentiment abandonne ses membres les uns après les autres ; les ongles, les doigts des pieds, deviennent d'abord livides, la mort s'empare ensuite des jambes & bientôt elle se répand dans toutes les autres parties du corps. L'ame se divise donc en plusieurs parties; elle souffre de la diminution, puisqu'elle se sépare successivement des différents membres du corps; elle est donc périssable.

L'esprit étant une des parties les plus essentielles de l'homme, la nature doit lui avoir donné une situation fixe, comme aux sens qui sont les mobiles de la vie; & de même que les mains, le nez, les yeux, les oreilles étant séparées du corps, ne peuvent avoir de sentiment, ni conserver long-temps leur mouvement, de même l'esprit ne peut par lui-même & sans le secours du corps qui lui sert comme d'enceinte, subsister, & on ne sauroit concevoir aucune autre chose qui soit plus étroitement & plus intimement unie au corps, puisqu'il lui est attaché par les liens les plus étroits.

L'esprit & le corps n'ont de force & de puissance que l'un par l'autre; la vie qui leur est commune, n'est que l'effet de leur accord & de leur correspondance mutuelle: l'esprit sans

le

le corps ne peut subsister un seul moment, ni exercer aucune faculté ; & le corps sans l'ame ne peut recevoir aucune sensation, il périt ; & de même que l'œil déplacé de sa situation ordinaire, ne pourroit appercevoir les objets, de même l'ame & l'esprit séparés du corps, ne pourroient exercer aucune fonction. S'il étoit vrai que l'ame en s'affranchissant des liens du corps, conservât sa nature ; si elle trouvoit dans l'air les mêmes secours qu'elle reçoit du corps, si toutes ses parties pouvoient en être contenues, si elle y pouvoit exécuter les mêmes mouvements, l'air deviendroit un corps vivant & animé. Convenons donc que puisque le corps se décompose & périt, que l'esprit se divise & se détruit également. Les mêmes causes de mort & de destruction agissent sur tous les deux en même-temps.

Enfin, si le corps ne peut supporter la retraite de l'ame, sans tomber aussitôt en pourriture & répandre tout-à-l'entour de lui une puanteur insupportable, pourquoi donc ne pas croire que l'ame se dégageant des parties intérieures du corps, se disperse & s'évanouit comme la fumée, & que ce n'est qu'après sa retraite que le corps périt entiérement? car les principes de l'ame étant forcés de quitter leur place ordinaire, cherchent à s'échapper; ils pénetrent par les membres, par les pores, par toutes les issues obliques ou droites qu'ils rencontrent, de sorte que l'ame reçoit du changement & de la division dans le corps, avant de s'en séparer : elle s'y partage en différentes parties, & elle ne s'évanouit dans les airs, qu'après avoir souffert auparavant les atteintes de la destruction.

Quelquefois l'ame paroît être au dernier terme de la vie; on croiroit que quelque cause extérieure agissant sur elle, tend à sa destruction : alors les membres sont privés d'action & de mouvement, le visage est pâle & défait, comme si l'heure de la mort étoit arrivée; le corps tombe en foiblesse, il perd toute sa force, on fait d'inutiles efforts pour résister à cette situation : toutes les puissances de l'ame sont assoupies & suspendues; elle partage tellement la foiblesse du corps que si une cause plus puissante venoit à agir dans ce moment, elle occasioneroit sûrement la perte totale du composé. Comment donc se persuader que l'ame, qui est d'une nature si foible, si fragile, puisse exister dans l'air sans l'appui du corps ? Bien loin de pouvoir y exister éternellement, il est impossible de concevoir qu'elle puisse même y subsister un seul instant.

On ne s'apperçoit pas au moment de la mort que l'ame se sépare du corps, pour en sortir dans son entier ; son passage n'est point sensible à la poitrine, à la gorge : il paroît au contraire que chaque partie périt dans les lieux où la nature l'a d'abord fixée, comme tous les sens périssent dans les lieux de leur situation.

Si l'ame étoit immortelle, elle ne regretteroit pas à l'heure de la mort, d'être dégagée des liens du corps ; elle se réjouiroit au contraire de quitter une enveloppe étrangere, comme le serpent se réjouit au printemps de quitter sa vieille peau, ou le cerf de se débarrasser de son bois.

Enfin, pourquoi l'esprit ne prend-il jamais naissance dans la tête, dans le dos, dans les pieds, dans les mains? Mais pourquoi demeure-t-il conſtamment attaché aux lieux où la nature l'a d'abord fixé, ſi ce n'eſt que toutes les choſes ont un lieu déterminé où elles doivent naître, croître, ſe développer, ſe conſerver, de ſorte que la différente diſpoſition des membres n'empêche point l'ordre de leurs fonctions ; tant il eſt vrai que tout eſt arrangé & diſpoſé avec un ordre conſtant : le feu ne tire point ſon origine des rivieres, & le froid n'eſt point produit par le feu.

Si l'ame d'ailleurs étoit immortelle par ſa nature, ſi elle pouvoit conſerver du ſentiment lorſqu'elle eſt ſéparée du corps, il faudroit ſuppoſer, ſi je ne me trompe, qu'elle conſerve & jouit de l'uſage de tous ſes ſens après ſa mort. Sans cette ſuppoſition nous ne pouvons nous repréſenter les ames errantes ſur les bords de l'Achéron : auſſi les Peintres & les Poëtes qui nous les ont ainſi repréſentées dans les ſiecles paſſés, n'ont-ils pas manqué de leur attribuer l'uſage du ſentiment. Mais comme l'odorat, le toucher & tous les ſens n'ont point d'action & de ſentiment ſans le concours de l'ame, de même les fens fans le fecours des mains, des yeux, des oreilles, n'ont point de vie & de mouvement, & l'ame qui en feroit douée, n'éprouveroit aucune fenfation.

Nous ne pouvons douter que le fentiment ne foit répandu dans tout le corps, que c'eſt lui qui en anime & vivifie toutes les parties : il faut donc convenir que fi quelque atteinte fubite vient à le partager dans le milieu, de forte qu'il refte divifé en deux parties, il faut auffi que l'ame partagée & divifée par la violence de ce coup, foit détruite ainfi que le corps : or, il eſt certain que ce qui peut fe partager & fe divifer en plufieurs parties, n'eſt pas doué d'une nature immortelle.

On dit qu'il eſt d'ufage dans les combats de fe fervir de chars armés de faulx tranchantes, qui toutes fumantes du fang qu'elles ont verfé, taillent fouvent en pieces les membres avec une telle rapidité, que quoique féparés du corps, ils confervent leur mouvement, on les voit palpitants fur la pouſſiere; l'efprit & le corps dans la chaleur du carnage, semblent ne point sentir le mal qu'ils ont reçu, le guerrier ardent au combat s'avance dans la mêlée, il ne s'apperçoit pas que les roues & les faulx tranchantes viennent de lui abbattre son bras gauche avec son bouclier, cet autre oublie que sa main droite vient de lui être coupée, au moment qu'il s'avance à toute bride vers l'ennemi; cet autre encore s'efforce de se lever sur une jambe qui vient de lui être emportée, tandis que son pied expirant remue encore ses doigts sur la poussiere, & la tête de celui-ci séparée du reste de son corps, montre un visage animé & des yeux menaçants, tant que l'ame n'est pas entiérement dissipée.

Voyez cet horrible serpent dont on vient de couper la queue en plusieurs parties, il est encore redoutable par sa langue qu'il darde avec fureur: irrité par la violence de ses douleurs, il se retourne en arriere, cherche la plus proche de ses parties, y plonge son dard empoisonné & y fait de cruelles blessures. Chacune de ses parties retranchées s'agite, se replie & répand son venin sur la terre; conclurez-vous de-là que chaque partie est animée par une ame particuliere ? Si cela étoit, il y auroit plusieurs ames dans un même corps, convenez donc que l'ame qui commande à l'animal, a été divisée, elle est donc périssable, puisqu'elle peut se partager comme toutes les autres parties du corps.

Si l'ame est immortelle par sa nature, si elle n'entre & n'anime le corps qu'au moment de sa naissance, d'où vient l'oubli des âges précédents dont il ne reste pas la moindre trace dans l'esprit ? si les facultés de l'ame peuvent s'altérer au point qu'elles perdent entiérement le souvenir des choses passées, l'ame n'est pas à mon avis bien éloignée de la mort, & il faut que vous conveniez qu'elle périt, & que celles qui animent les corps, à présent se sont formées & développées avec eux.

Si les puissances vivifiantes de l'esprit n'étoient reçues dans le corps que lorsque ses organes & toutes ses parties sont entiérement formés, on ne verroit pas l'esprit au moment de notre naissance, & dès que nous mettons le pied, pour ainſi dire, ſur le ſeuil de la vie, croître & ſe développer en même-temps que le corps, il ne ſeroit pas mêlé avec le ſang, & ne ſe développeroit pas avec lui, il faudroit au contraire qu'enfermé comme dans une cage, il ſe ſoutînt & ſe conſervât par ſes propres forces. C'eſt pourquoi plus j'examine la nature de l'ame, plus je me perſuade que non-ſeulement elle eſt une production de la nature, mais qu'elle eſt ſoumiſe aux loix de la mort : l'ame eſt trop intimement unie au corps, pour ne venir que du dehors, l'expérience nous démontre le contraire, ſa connexion avec les veines, le ſang, les nerfs, les os eſt ſi intime que les dents même ſont ſuſceptibles de ſentiment, comme on ne l'éprouve que trop par les maux cruels qu'on y reſſent, lors par exemple qu'on boit des liqueurs très-froides, ou lorſque dans les aliments qu'elles broyent, il ſe rencontre quelque petit caillou. Il n'y a donc pas d'apparence que les ames qui ſont ſi bien tiſſues avec les corps, puiſſent en ſortir ſans altération, ni ſe conſerver dans leur entier, en ſe ſéparant des nerfs, des jointures & des os.

Si vous vous persuadez que l'ame vienne du dehors pénétrer & animer les différentes parties du corps, c'est une raison de plus pour croire, qu'étant répandue de la sorte, sa perte doit suivre bien plutôt la destruction du corps, car tout ce qui pénetre, qui s'insinue au travers d'un corps, se dissout & périt nécessairement, & de même que les aliments en se distribuant dans toutes les parties, & en servant à la subsistance & à l'accroissement du corps, changent de nature, de même en supposant que l'ame & l'esprit soient dans leur entier, lorsqu'ils se présentent pour animer un corps nouvellement formé, il est impossible, puisqu'ils sont nécessités de le pénétrer, qu'ils puissent être exempts de la dissolution; les éléments dont ils sont composés doivent nécessairement se dissoudre en s'insinuant par toutes les issues dans les membres. Ainsi l'ame qui anime & commande alors au corps, doit sa naissance à celle qui a été divisée en le pénétrant; de sorte qu'on ne peut pas douter que l'ame ne naiſſe, & ne périſſe en même-temps que le corps. Mais lorſqu'un corps a perdu la vie, y reſte-t-il quelques éléments de cet eſprit vital qui l'animoit, ou bien l'ame eſt-elle entiérement diſſipée ? S'il y a quelque reſte de ce ſouffle vivifiant, rien ne peut nous perſuader que l'ame ſoit immortelle, car alors ſa retraite du corps n'a pu ſe faire que par la ſouſtraction de quelques-unes de ſes parties ; ſi au contraire l'ame s'eſt retirée en entier du corps, ſans y laiſſer aucune de ſes parties, qui peut donner l'exiſtence, la vie à ces vermiſſeaux qui s'engendrent dans les entrailles des cadavres, & à cette multitude de petits inſectes vivants, qui n'ont ni os ni ſang, & qui prennent naiſſance dans les différentes parties du corps?

Si l'ame n'étoit formée avec le corps, on ne verroit pas le lion conſerver conſtamment la nobleſſe & la fierté de ſon caractere, la ruſe ne ſeroit pas toujours le partage du renard, & le cerf dominé par la crainte ne ſe plairoit pas dans les ſombres retraites des forêts. Comment toutes les especes d'animaux auroient-elles des qualités particulieres qui naissent & se développent avec eux, si les facultés de l'ame ne croissoient & ne se développoient en même-temps que les forces du corps, par l'ordre & le concours des principes & d'une matiere qui leur sont propres ? Si cette puissance qui nous anime étoit immortelle, si sa transmigration dans les corps étoit ordinaire, tous les êtres n'auroient pas des habitudes, ni des qualités particulieres à leur espece ; le chien d'Hyrcanie fuiroit à l'aspect du cerf, & l'épervier trembleroit dans les airs à la rencontre de la timide colombe. La raison deviendroit le partage des animaux, & la folie seroit l'attribut des hommes. En vain on prétend que l'ame immortelle change d'habitude en changeant de corps ; tout changement dans une chose fait sa dissolution & est une cause de mort ; les parties de l'ame en changeant leur ordre primitif, changent de nature & périssent nécessairement avec le corps. Si l'on prétend que les ames des hommes ne passent & n'animent jamais que des corps humains, je demande comment il est possible que l'ame d'un sage devienne celle d'un insensé, pourquoi la prudence n'accompagne jamais la jeunesse, pourquoi un jeune cheval dans les combats n'a point l'adresse & la force d'un cheval fait; si ce n'est parce que les facultés de l'ame ne se développent qu'à proportion des forces du corps, & chacune par les semences qui leur sont propres. Il est donc impossible que l'ame ne soit délicate & foible dans un corps jeune & délicat; mais si cela est ainsi, on ne peut donc s'empêcher de convenir que l'ame ne soit en bute aux traits de la mort, puisqu'elle reçoit des changements dans le corps, que ses facultés augmentent avec l'âge, & que le sentiment varie en même-temps que les forces du corps varient.

Comment l'ame pourroit-t-elle se perfectionner en même-temps que le corps & atteindre avec lui à cet âge heureux où brille la raison, si elle n'étoit dès le premier instant de sa formation, sa compagne inséparable ? Comment pourroit-t-elle desirer de cesfer d'animer le corps dans fa vieilleffe? Pourroit-t-elle craindre de profaner fon effence par la corruption du corps, ou que fa demeure cédant au long cours des années ne l'accablât fous fa chûte, comme fi ce qui eft immortel pouvoit être écrafé ou détruit?

Mais puifqu'enfin les arbres ne croiffent point dans l'efpace des airs, que les nues ne fe forment point dans la profondeur des mers, que les poiffons ne vivent pas dans les champs, que les bois ne contiennent pas de fang, que les rochers n'ont point de feve, il faut que la nature ait déterminé à toutes les chofes un lieu propre & fixe pour y croître & s'y développer. De même la nature de l'ame & de l'efprit ne peut fubfifter feule fans le corps, il faut qu'elle ait une naiffance commune avec lui, & qu'elle foit attachée aux nerfs, au fang, &c.

N'eft-t-il pas abfurde de vouloir affocier une nature immortelle avec un être périffable & corruptible? Une fubftance éternelle peut-elle être d'intelligence avec un être mortel, peut-elle partager fes travaux & fes fouffrances? Eft-il rien de plus incompatible, de plus opposé, de plus contraire que l'union d'une substance périssable avec une nature immortelle?

La nature de tout ce qui est éternel est d'être d'une telle solidité, qu'il résiste & demeure impénétrable à tous les efforts qu'on lui oppose, rien ne peut ni ne doit le diviser, ni pénétrer ses parties. Tels sont les éléments de la matiere premiere dont je vous ai parlé ci-devant. La durée éternelle d'une substance peut encore dépendre de ce qu'elle est hors d'atteinte de toute impression, comme le vuide qui ne peut être frappé, ni divisé en aucune maniere, parce qu'étant infini & comprenant tout, rien ne peut favoriser la dissolution de ses parties, aucun corps ne peut le diviser, il est par conséquent d'une nature immortelle; mais l'ame, comme je vous l'ai déja enseigné, n'est point une substance impénétrable, puisqu'il y a du vuide dans l'assemblage de ses parties; elle n'est pas non plus impalpable comme l'espace, car le choc violent d'un corps peut déranger son harmonie & la détruire, & de quelque maniere que se fasse sa destruction, les abîmes de l'éspace lui prêtent, en tout temps leurs vastes étendues pour la recevoir, & les portes du trépas ne peuvent jamais lui être fermées.

Que vous êtes dans l'erreur si vous croyez que l'ame est immortelle, parce qu'elle sait se garantir des choses nuisibles, soit par ce qu'elle sait repousser les impulsions violentes qui lui sont faites, avant d'en sentir les atteintes, soit parce que les coups qu'elle reçoit sont souvent impuissants pour la détruire totalement; car outre que l'ame partage les infirmités, les maladies du corps, elle est souvent troublée par l'incertitude de l'événement des choses futures; la crainte augmente ses maux, des soins inquiets la tourmentent, les remords de ses fautes la déchirent : joignez à cela ses propres fureurs, la perte de sa mémoire; ajoutez-y encore les noires vapeurs de la léthargie qui étouffent ses lumieres & ses connoissances.

La mort n'est donc qu'un nom redoutable; elle n'est rien à notre égard, puisque l'ame est mortelle : & comme dans les siecles passés nous ne sentions pas les malheurs qui affligeoient nos ancêtres, lorsqu'Annibal couvrit de ses armes les campagnes du Latium, que tout ce qui étoit sous le ciel se ressentit des horreurs de la guerre; qu'on fut long-temps dans le doute qui de Carthage ou de Rome seroit la maîtresse du monde; de même à l'instant de la dissolution de l'ame & du corps, dont la réunion forme notre existence, tout sentiment cessera pour nous; notre être étant détruit, rien ne pourra nous affecter, rien ne pourra frapper nos sens, quand même la terre s'uniroit avec la mer, & la mer avec le ciel. Il nous feroit même absolument indifférent que l'ame & l'esprit conservassent du sentiment, après la séparation du corps, puisque nous n'existons & n'éprouvons de sensations que parce que nous sommes formés de l'union de l'un & de l'autre. Si le temps pouvoit dans la suite des siecles, après la dissolution d'un être, rassembler & réunir toutes les parties de matiere qui le formoient, donner à ces parties la même forme qu'elles ont actuellement, & le rappeller ainsi à la jouissance d'une seconde vie; cette réunion, ce nouvel assemblage lui seroient encore indifférents, parce que l'économie & les mouvements de la vie ayant une fois cessé, ils ne peuvent plus être les mêmes par ce retour : & de même que nous ne sommes pas actuellement inquiets de ce que nous avons été auparavant, nous ne devons pas l'être de ce que nous deviendrons un jour. D'ailleurs si nous réfléchissons sur l'immense espace des siecles écoulés, si nous faisons attention en combien de manieres les mouvements de la nature ont dû varier, nous nous convaincrons facilement que les éléments des choses ont été souvent dans la même disposition, dans le même ordre où ils sont aujourd'hui: mais l'esprit ne peut s'en rappeller la mémoire, parce que les facultés de la vie ont été interrompues plusieurs fois, & que le mouvement qui animoit les organes des sens, a cessé par la désunion & la dissolution du composé.

On n'est malheureux & on ne le devient que parce qu'on se rencontre précisément dans le temps où la fortune fait ressentir ses coups ; mais puisque la mort nous garantit des maux qu'elle nous fait souffrir, puisqu'elle met ceux qui ont vécu dans les siecles précédents, à l'abri des malheurs qui font notre infortune présente; avouons donc qu'elle n'est point à redouter. Il est impossible que celui qui n'existe plus soit malheureux, car il n'y a point de différence entre celui qui n'a jamais existé & celui qui perd son existence actuelle.

Quand vous verrez un homme s'allarmer de ce que son corps sera la pâture des vers, ou sera consumé par des flammes dévorantes, ou déchiré & mis en pieces par des animaux carnassiers; croyez, quoiqu'il assure être convaincu que le corps perd toute sensibilité à la mort, croyez, dis-je, qu'il ne dit pas la vérité; son cœur est en proie à quelque inquiétude secrete, qu'il tache de déguiser, car il ne fait rien qui confirme sa prétendue conviction, & bien loin de croire que la mort le prive entiérement de la vie, il s'imagine qu'il y a quelque chose qui lui survit, dont la nature ne lui est pas connue.

Celui qui dans le cours de la vie

craint que son corps après la mort ne soit la proie des oiseaux & des bêtes, fait connoître son incertitude sur son sort futur ; il voit avec douleur qu'il ne peut l'éviter ; il ne peut penser sans frémir, que son corps sera la pâture de vils animaux, cette idée lui flétrit l'imagination, il s'indigne que son être soit corruptible, il ne voit pas qu'il est impossible qu'à sa mort il survive un autre lui-même, qui pleure sur sa perte & le plaigne d'être la proie des flammes ou la nourriture des vers. Si le sentiment survivoit à notre existence, si nous ressentions après la mort la dent des bêtes carnassieres qui nous dévorent, nous ressentirions également le feu de la flamme dévorante qui nous consume sur le bûcher, nous serions glacés par le froid du marbre de notre tombe, & nous gémirions sous le poids de la terre qui nous couvre.

Mais alors vous ne jouirez plus de la douceur d'être reçu dans votre maison par une épouse charmante dont vous faisiez le bonheur, de tendres & chers enfants n'iront plus à votre rencontre, ils ne vous presseront plus de leurs mains careffantes, ils ne vous couvriront pas de leurs plus tendres baifers; vous ne pourrez plus être utile, foit par vos confeils, foit par vos actions, à ceux qui avoient befoin de votre fecours. Infortuné, infortuné, vous criera-t-on, un feul jour vous a ravi tous les délices de la vie ! Mais que ne vous difent-ils plutôt tous ces biens ne feront plus l'objet de vos defirs ! Si les hommes étoient fortement perfuadés de cette vérité, l'inquiétude & la crainte, ces tyrans de la vie, n'en troubleroient plus la douceur & la tranquillité. Le fommeil de la mort délivre pour toujours de tous les maux, les larmes ne font que pour ceux qui nous furvivent; nos proches, nos parents, répandus autour de notre bûcher l'arrofent de leurs pleurs, & la perte d'un ami chéri, fait au cœur une douleur profonde que le temps peut à peine effacer.

Si la mort n'eft que le retour à un doux fommeil, à un repos éternel, qu'a-t-elle donc de fi redoutable ? Quelle raifon de tant fe lamenter, de fe plaindre fi amérement au fein de la joie, au milieu des festins? Les hommes, la tête ombragée de fleurs & la coupe à la main, se disent sérieusement les uns aux autres, que les plaisirs ont peu de durée, déja ils sont écoulés, & ce moment de jouissance emporté par la rapidité du temps ne reviendra plus. Ne croiroit-on pas, à les entendre, qu'ils craignent d'être tourmentés lorsqu'ils ne seront plus, par l'ardeur de la soif ou par quelque autre desir?

Lorsque le sommeil suspend l'action des organes de l'esprit & du corps, on n'est point inquiet sur son sort, on ne craint pas pour sa vie, alors le mouvement des principes qui produisent le sentiment n'est que suspendu, bientôt on revient de ce sommeil tranquille. L'effet de cette situation devroit nous persuader que le sommeil de la mort est bien plus doux, puisqu'il nous délivre à jamais de toute inquiétude ; il est moindre à notre égard que le sommeil naturel, si on peut comparer le néant à la réalité ; car à la mort l'union de tous les principes est entiérement détruite, & les mouvements de la vie ayant une fois cessé, on ne revient jamais de ce sommeil éternel.

Si la nature enfin venoit à s'adresser à quelqu'un de nous tout-à-coup, & qu'elle lui fît ces reproches ; d'où vient, ô mortel insensé, que tu t'abandonnes à la douleur ? Pourquoi la mort est-elle le sujet de tes craintes & de tes larmes ? Si tu as joui de toutes les douceurs de la vie, si tu as passé tes jours dans les délices & les plaisirs, pourquoi ne la quittes-tu pas avec gaieté, ainsi que l'on quitte un festin où l'on s'est rassasié d'une chere abondante & délicate ? pourquoi ne te livres-tu pas à un doux repos, à cette égalité de l'esprit qui ne craint pas les approches de la mort ? Si la jouissance des plaisirs n'a pu te satisfaire, si la vie t'est devenue à charge, pourquoi cherches-tu, ô insensé, à prolonger des jours qui font ton malheur, & qui doivent couler avec les mêmes désagréments ? Que ne termines-tu ta triste carriere par une fin généreuse ? je ne puis plus rien pour toi, je ne saurois rien faire de plus en ta faveur, si ton corps n'est point encore courbé par le poids de l'âge, si tes membres sont encore dans leur vigueur & n'ont point ressenti les atteintes de la vieillesse; apprends au moins que tout obéira à l'ordre que j'ai établi dans les premiers temps, tu n'y verras jamais le moindre changement, quand le cours de ta vie seroit de plusieurs siecles, & que tu serois même destiné à l'immortalité. Que répondre à ce discours de la nature, sinon que c'est avec raison qu'elle nous fait ces reproches & que les vérités dont elle nous accable sont sans replique? N'est-ce pas avec plus de raison qu'elle dit d'une voix terrible & menaçante à celui qui se désespere & se plaint d'être d'une nature mortelle, insensé que tu es, arrête tes pleurs, supprime tes gémissements, la mort que tu redoutes va terminer tes malheurs, & s'adressant à ce vieillard, qui gémit du nombre de ses années, pourquoi te tourmentes-tu, n'a-t-il pas été en ton pouvoir de jouir jusqu'à présent de tous les agréments de la vie? mais parce que tu as toujours souhaité ardemment les choses qui te manquoient, & que tu as fait peu de cas de celles que tu possédois, il te semble aujourd'hui que la vie que tu as menée a été peu agréable, que tu n'as goûté que des plaisirs imparfaits, & que la mort te surprend avant d'avoir pu satisfaire tous tes desirs. Tes regrets, malheureux vieillard, viennent trop tard, laisse généreusement à d'autres des plaisirs que tu t'efforces en vain de posséder. La nature n'est-elle pas en droit de reprendre une vie qu'elle ne t'a donnée que sous les conditions de la restitution? C'est avec raison, ce me semble, qu'elle augmente tes peines par ses reproches, c'est une loi, c'est une nécessité que tout se succede dans la nature, que les choses anciennes fassent place aux nouvelles, que les êtres se réparent les uns par les autres; car rien ne périt entiérement ou n'est précipité dans le tartare; la matiere toujours subsistante & éternelle produira dans les âges futurs des hommes, des animaux, qui après avoir paré successivement la scene du monde, disparoîtront & subiront comme toi le sort de la destruction, les êtres ne font que se prêter successivement le flambeau de la vie, elle n'a été donnée

à

à personne en propre, chacun n'en a que la jouissance.

Réfléchis sur les temps qui ont précédé ton existence, tu verras qu'ils n'ont rien de commun avec toi, c'est un miroir que la nature t'offre pour y contempler l'avenir qui suivra notre mort. Tant de siecles passés n'ont rien de redoutable, il n'est point de sommeil plus tranquille que le repos de ces âges écoulés, tout ce qu'on raconte de l'Empire de Pluton n'est qu'une figure des malheurs réels de la vie.

Tantale ne tremble point à la vue de l'immense rocher qui le menace d'une chûte prochaine; c'est la crainte que les mortels ont des Dieux qui les inquiette durant la vie, & leur fait redouter la mort qui les attend. Tithie n'est point sur le rivage de l'Achéron la proie des oiseaux, sa large poitrine ne suffiroit point à leur voracité pendant des temps éternels, & quand on supposeroit que ses membres étendus couvrent neuf arpents, ou même la surface entiere de la terre, ils ne pourroient résister aux traits d'une douleur continuelle, ni être l'aliment éternel des cruels vautours. Le véritable Tithie est l'homme en proie à tous les feux de l'amour; c'est le malheureux, dévoré par les inquiétudes, les soucis, les chagrins, c'est celui que les desirs, les passions tiennent dans l'esclavage. Le Sisyphe du tartare est l'homme qui desire les grandeurs, qui recherche les faisceaux, les honneurs publics, & qui ne pouvant les obtenir, se livre à la douleur & au désespoir. Briguer des rangs, des dignités, ne les point obtenir, souffrir tout ce qu'il y a de plus dur & de plus humiliant pour y parvenir, n'est-ce pas l'image de cet infortuné, qui condamné à monter un rocher sur une haute montagne, se voit ensuite tomber par son propre poids, & est obligé de recommencer sans cesse ce pénible & inutile travail?

N'être jamais content des biens que nous offre la nature, ne pouvoir dans aucun temps satisfaire ses desirs insatiables, épuiser les richesses & les présents variés des saisons nouvelles, sans qu'il naisse jamais un moment, où rassasié de ces commodités, l'homme quitte la vie sans regret & sans inquiétude, n'est-ce pas la moralité de la fable qui nous enseigne que des filles d'une jeunesse brillante sont occupées sur l'Achéron à verser incessamment de l'eau dans un vase percé qui ne pouvant jamais être rempli, rend leurs peines sans cesse inutiles.

Au reste le Cerbere, les Furies, l'affreux Tartare qui répand des torrents de feu & de fumée, n'existent en aucun lieu & ne peuvent jamais avoir existé ; mais on est cruellement tourmenté pendant la vie par une crainte proportionnée à la grandeur des crimes dont on est coupable. Les affreux cachots, le supplice d'être précipité d'un rocher, les bourreaux, la torture, les fouets, la poix brûlante, les torches ardentes, l'usage enfin des différents supplices, quoiqu'éloignés, ne laissent pas d'effrayer l'imagination. L'homme coupable & criminel craint d'avance la punition qu'il mérite : ses remords, ses craintes sont ses propres bourreaux ; il vit dans une cruelle incertitude sur le terme de ses malheurs ; il craint encore qu'après la mort ses peines ne deviennent plus cruelles, & cet état de doute fait de la vie des hommes crédules un perpétuel enfer.

Veux-tu t'accoutumer à la mort, réfléchis souvent qu'Ancus, ce bon & digne Prince, qui l'emporte si fort sur toi par ses hautes vertus & ses éminentes qualités, ne jouit plus de la lumiere. Le diadême de tant de Rois, la suprême puissance, n'ont pu en garantir tant d'illustres guerriers qui t'ont précédé, & qui sont dans l'éternelle nuit du tombeau. Ce héros même, qui s'ouvrit autrefois un passage au travers des mers, qui méprisant les murmures de l'Hellespont, fit marcher ses légions parmi les précipices & fouler aux pieds des chevaux les ondes étonnées, est privé de la lumiere ; la mort n'a pas craint de séparer son ame de son corps. Le grand Scipion, la terreur de Carthage & de l'univers, n'a point été distingué du commun des mortels, ses cendres reposent dans la terre comme celles du plus vil esclave. Ce sort a été commun aux inventeurs des arts, des sciences ; les Poëtes, compagnons inséparables des Muses, n'ont point été mieux partagés. Homere, leur Prinee, a fubi comme eux la loi du fommeil éternel ; Démocrite, enfin, voyant que fa vieilleffe affoibliffoit les facultés de fon efprit, alla au-devant de la mort & lui rendit un hommage volontaire. Épicure même, ce mortel fi fupérieur à tous les autres par l'élévation de fon génie, lui qui a brillé parmi les Sages de la terre avec l'éclat du foleil, dont la vive lumiere efface celle des autres aftres, a vu terminer fa carriere ; & toi tu crains de mourir, toi dont la maniere de vivre eft déja un état de mort, qui confumes tes jours dans un trifte fommeil, qui fommeilles étant éveillé & dont les mêmes fonges qui troubloient ton repos pendant la nuit, ne ceffent point de t'allarmer pendant le jour : tu ne connois pas la caufe fecrete de tes malheurs; accablé d'ennui, de fouci, de chagrin ; douteux, incertain dans toutes tes démarches, ton efprit erre à l'aventure & s'abandonne à l'incertitude & à l'erreur.

Si les infortunés mortels s'appliquoient à connoître la caufe de l'accablement de leur efprit, s'ils recherchoient la source des inquiétudes qui les affligent, on ne les verroit pas continuer de vivre comme ils font, ne sachant jamais ce qu'ils veulent, n'étant jamais contents de leur situation présente, cherchant à la quitter, comme si ce changement pouvoit les débarrasser du fardeau de leurs inquiétudes; l'un se déplaît dans sa maison, la quitte souvent & n'en est pas plutôt sorti que l'envie lui prend d'y revenir, ne trouvant rien au dehors qui calme son esprit inquiet; l'autre pousse ses chevaux à toute bride vers sa métairie, comme s'il y alloit pour en éteindre l'embrasement, mais à peine y est-il arrivé que l'ennui le poursuivant, il voudroit pouvoir se livrer au sommeil, & désespéré de ne pas le trouver, il se hâte de revenir à la ville par l'espoir d'être moins tourmenté. C'est ainsi que l'homme s'agite sans cesse, il trouve en lui son persécuteur, il voudroit pouvoir s'éviter, mais comme on ne peut se séparer de soi-même, on est obligé de souffrir la continuation des maux qui nous affligent, parce qu'on en ignore la cause; si elle étoit connue, il faudroit que l'homme quittant toute autre chose, se livrât entiérement à l'étude de la nature, elle seule pourroit le rendre heureux ; car qu'y a-t-il de plus important que d'être assuré de son état après la mort, état qui doit durer non pas une heure, mais pendant l'éternité des temps qui doit suivre.

Quel est donc ce desir si passionné de la vie pour être si fortement allarmé dans l'incertitude du péril? Tout mortel n'est-t-il pas convaincu que la mort est inévitable, toute précaution n'est-t-elle pas inutile pour s'y soustraire? La mort est une loi de nature, un changement nécessaire que doivent subir tous les êtres. Toutes nos démarches nous y conduisent, le terme de la vie pour être plus long ne nous offre pas de nouveaux plaisirs ; mais on desire les choses que l'on n'a pas, elles semblent d'un prix bien supérieur à toutes celles que l'on posséde, & à peine en a-t-on obtenu la jouissance qu'on forme de nouveaux desirs. La soif de la vie tourmente toujours également ceux qui craignent la mort, ils sont dans l'incertitude de leur destinée pour les âges futurs, ils font inquiets fur la fin de leur courfe & craignent le fort qui les attend après leur mort. C'eft en vain, cependant, que nous voulons difputer le terrein de la vie, tous nos efforts ne peuvent arracher à la mort un inftant de fa détermination, & s'il étoit en notre puiffance de donner à notre vie la durée de plufieurs fiecles, la mort qui viendroit en trancher le cours, ne feroit pas moins éternelle. L'éternité des fiecles eft égale pour tous les hommes, celui qui meurt aujourd'hui, ou celui qui eft mort il y a plufieurs années, plufieurs fiecles auparavant, font également les victimes de l'âge irrévocable.

Fin du troifieme Livre.

TRADUCTION LIBRE DE LUCRECE.
TOME SECOND.

TRADUCTION LIBRE DE LUCRECE,

Avec un Discours Préliminaire.

TOME SECOND.

A PARIS,

Et se trouve A AMSTERDAM,

Chez CHATELAIN.

M. DCC. LXVIII.

TRADUCTION LIBRE DE LUCRECE.

LIVRE QUATRIEME.

JE parcours des lieux confacrés aux Mufes, dont le chemin a été jufqu'à préfent inacceffible, & où perfonne n'a jamais ofé pénétrer avant moi. Je me plais d'approcher de ces fontaines facrées, & de m'enivrer de leurs eaux que les temps ont confervé dans toute leur pureté; je me fais un plaifir d'y cueillir des fleurs nouvelles & de m'en faire une couronne illuftre, dont les Mufes n'ont jamais ceint les tempes d'aucun mortel. Premiérement parce que la matiere que je traite, est sublime & importante; que j'apprends aux hommes à délivrer leur esprit du joug & des fers de la religion. Secondement parce que j'écris avec clarté sur un sujet très-obscur, & que j'y répands toutes les graces & la douceur de la poésie. Ce n'est pas sans raison; car de même que, lorsqu'un jeune enfant est malade, le médecin attentif à sa guérison, frotte de miel les bords du vase qui contient le breuvage amer qu'il doit prendre, afin que les levres encore peu exercées de l'enfant, étant attirées par la douceur du miel, il boive le suc amer de ces herbes salutaires, & que trompé heureusement par cet innocent artifice, il recouvre ainsi la santé avec la vie; de même, parce qu'il me semle que les matieres que je traite, sont obscures & difficiles, & que je sais que le vulgaire stupide ne peut les écouter sans une espece d'horreur, je veux, Memmius, vous les exposer avec tout le charme de la plus douce éloquence. Je ne vous présenterai ces matieres, qu'ornées & parées de toutes les graces & de la douceur des Muses, afin que le charme de mes écrits m'attache votre esprit, que toute la nature se découvre à vous, & que vous soyez convaincu de l'avantage qui revient de cette étude.

Je vous ai entretenu ci-devant de la nature des éléments des corps, de leur forme, de leur figure, de leur mouvement éternel dans l'espace; je vous ai fait voir comment tous les êtres ont été produits par leur choc & leur rencontre; je vous ai aussi parlé de la nature de l'esprit, de la matiere qui le compose, de son union avec le corps & de sa destruction. Il est temps maintenant de vous entretenir de ces images légeres auxquelles on donne le nom de simulacres, & qui ne sont autre chose que des membranes très-déliées qui se détachent de la surface des corps, & se répandent çà & là dans les airs: elles forment ces phantômes qui se présentent à notre imagination, lors même que nous veillons, & jettent l'effroi & la terreur dans notre esprit; ce sont elles qui troublent la douceur de notre sommeil, lorsque dans l'obscurité de la nuit nous nous représentons des spectres effrayants & les images des

A ij

morts. La connoissance de la nature de ces simulacres vous empêchera de croire que des ames quittent le rivage de l'Achéron pour venir habiter parmi les vivants, ou qu'il nous survive quelque partie de nous-mêmes, lorsque l'essence de l'ame & du corps est entiérement détruite, car toutes les choses retournent nécessairement à leurs premiers principes.

Je dis donc qu'il émane continuellement de toutes les extrêmités des corps, des images légeres, des simulacres; on doit regarder ces images comme des membranes ou écorces très-fines qui conservent dans leur émanation la forme & la ressemblance du corps d'où elles se s'ont détachées. On peut aisément se former une idée de ces simulacres, par les émanations qui se font de tous les corps: le bois répand de la fumée, le feu envoie de la chaleur, & ces émanations ont même lieu dans les corps dont les tissus sont les plus serrés, comme on le remarque dans les cigales, qui dans les chaleurs brûlantes de l'été, se dépouillent de leur vieille peau; dans les jeunes veaux, qui au moment de leur naissance quittent les membranes extérieures où ils ont été formés, où enfin dans le serpent, qui par le mouvement des replis tortueux de son corps, laisse la dépouille de sa robe sur les épines que l'on voit ensuite briller sur les buissons.

Ces images légeres, ces simulacres doivent se détacher non-seulement du fonds de l'intérieur de tous les corps, mais aussi de tous les points de leur superficie; telles sont les couleurs, on le remarque sur-tout de ces toiles peintes en or ou en pourpre qui se tendent sur les théatres, lorsqu'elles voltigent entre les poutres où elles sont attachées, alors le spectacle, la scene, les images des Dieux, les vêtemens de tous les spectateurs semblent flotter comme elles, & recevoir l'impression de leurs différentes couleurs : plus le passage à la lumiere est fermé, plus les objets du dedans ont d'éclat & de variété de coloris. Si ces corps par conséquent réfléchissent la couleur de leur surface, toutes les choses doivent aussi renvoyer des images très-déliées; car les uns

& les autres emanent également de leurs superficies. On ne peut donc pas douter qu'il n'y ait des images très-déliées qui voltigent de toutes parts dans les airs, & qui sont tissues d'un fil si mince, qu'il n'est pas possible de les appercevoir séparément. Quant à l'odeur, la fumée, la vapeur & tous les autres corps de cette nature, ils se répandent de tous côtés, sans conserver aucun ordre, aucune liaison, parce qu'en se détachant du fonds & de l'intérieur même des corps, ils sont forcés de se diviser, en traversant les issues obliques par où ils passent. Mais au contraire lorsque la membrane très-déliée de la surface colorée des corps se détache, rien ne peut rompre son assemblage, parce que n'occupant que la surface du corps, elle doit se détacher avec une très-grande vîtesse, & n'est arrêtée par aucun obstacle. Enfin, puisque les miroirs, les eaux, tous les corps polis & luisants réfléchissent des images qui ont une ressemblance parfaite aux corps d'où elles émanent, il faut de toute nécessité que les simulacres ou images ne soient que des surfaces très-déliées, detachées de ces corps mêmes. En effet si l'on est persuadé qu'il se fait des émanations de certains corps, on ne peut douter qu'il ne s'en fasse d'autres beaucoup plus légeres & plus subtiles qui nous échappent & que nous ne pouvons appercevoir. La nature a donc voulu qu'il se fît de tous les corps un écoulement perpétuel de figures superficielles & très-déliées, parfaitement semblables aux corps dont elles émanent. Ces figures ne peuvent être apperçues, lorsqu'elles sont une à une, mais elles deviennent sensibles à la vue lorsqu'elles sont soutenues & fortifiées par une continuelle émanation de figures semblables, telles que celles qui se réfléchissent sans cesse de la glace des miroirs ; sans cette émanation continuelle, il ne paroît pas qu'elles puissent se conserver assez long-temps pour rendre la ressemblance exacte de chaque figure.

Pour connoître combien la nature de ces images est déliée, faites attention que les principes dont elles sont tissues, ne peuvent pas tomber sous nos sens ; ils sont incomparablement plus petits que les corps, qui par leur peti-

A iv

tesse commencent à se dérober à notre vue. Un exemple vous le fera aisément concevoir; il y a des animaux si petits que la troisieme partie de leur corps est déja imperceptible, que doit-on s'imaginer par conséquent de leurs intestins, de leur cœur, de leurs yeux, de la petitesse extrême de leurs membres & de leurs parties ? Que peut-on penser des particules qui forment leur ame & leur esprit ? Ne sent-on pas combien elles doivent être menues & déliées ? Tous les simulacres sont une si petite partie des corps, que personne ne pourroit dire quelle proportion de petitesse il y a entre ces images & les corps d'où elles émanent.

Les simulacres qui émanent des corps ne sont pas seuls de leur nature, il y en a encore d'autres qui se forment d'eux-mêmes dans cette partie du ciel que nous appellons notre air; ces simulacres fluides se transforment sans cesse, & prennent la ressemblance de toutes sortes de figures; semblables aux nues qui se grossissent & troublent par leurs mouvements impétueux la face riante de l'univers, quelquefois elles semblent former des géants d'une grandeur démesurée qui le soutiennent dans les airs par un vol hardi, leurs ombres paroissent s'étendre fort au loin, on croiroit voir des montagnes & des rochers entassés les uns sur les autres, ou des animaux d'une figure extraordinaire.

Apprenez maintenant quelle est l'activité & la promptitude merveilleuse de ces simulacres, soit dans leur naissance, soit dans leur émanation, soit lorsqu'ils se détruisent par la rencontre d'un corps contraire à leur tissure déliée. Remarquez que les extrêmités de toutes les parties extérieures d'un corps peuvent sans cesse fournir à l'écoulement des simulacres, & que lorsque ces simulacres se portent vers des objets qui sont d'une tissure fine & déliée, ils les pénetrent & passent au travers; mais s'ils rencontrent des corps durs, comme du bois, de la pierre, ils s'y brisent sans se réfléchir : si vous leur opposez au contraire des corps d'une surface très-lisse & très-polie qu'ils ne puissent pénétrer, ces images superficielles & délicates y sont reçues, renvoyées & réfléchies sans aucune altération. C'est là la véritable cause de la réflexion des objets; car en quelque temps, en quelque lieu, & avec quelque promptitude que vous opposiez un miroir à un corps, il s'y forme aussi-tôt une image qui se réfléchit: il émane donc continuellement de la surface des corps des images déliées, des figures légeres; & comme dans un temps très-court il se forme mille & mille de ces images, on ne peut disconvenir que leur naissance ne se fasse avec une extrême promptitude. Ainsi de même que le soleil lance dans un instant beaucoup de lumiere, afin que le ciel brille sans cesse de sa clarté, de même aussi la surface des corps renvoie continuellement de tous côtés une très-grande quantité d'images: & cela est si vrai que dans quelque position que l'on place un miroir, les objets y sont représentés avec leurs mêmes formes & leurs mêmes couleurs. Ne voit-on pas d'ailleurs que lorsque l'air tranquille & serein brille d'une lumiere pure & éclatante, il se couvre quelquefois dans un instant de nuées noires & épaisses; on diroit que les ténebres profondes sont sorties tout-à-coup des abîmes immenses où elles sont renfermées, pour remplir toute la voûte des cieux. L'épaisseur des nues qui enveloppent alors la terre, représente des spectres effrayants ; les mortels sont saisis d'effroi par les éclairs & les tonnerres qui éclatent de toutes parts. Ces images cependant sont une si petite partie de l'objet qui les forme, qu'il n'est pas possible de s'en former une idée, ni d'en rendre raison.

Pour connoître la vîtesse de ces images, la rapidité avec laquelle elles traversent les airs, pour se former une idée des espaces immenses qu'elles parcourent dans un instant de quelque côté qu'elles se portent, suivant les différentes positions des corps dont elles émanent, il faut faire attention en premier lieu que les corps qui sont composés d'éléments très-déliés, très-lisses, ont un mouvement très-rapide : telles sont la lumiere, la chaleur, qui étant formées d'une matiere très-menue, sont comme frappées & poussées à chaque instant par une nouvelle impulsion, de sorte qu'elles parcourent sans obstacle tout l'intervalle de l'air ; car la lumiere est incontinent suivie d'une autre lumiere, & les rayons du jour se succedent sans interruption les uns aux autres. Les images par la même raison doivent dans un instant traverser un espace immense, parce que l'impulsion la plus légere, en agissant par derriere, suffit pour les pousser en avant, & que les éléments qui les constituent, étant d'une nature très-rare & très-légere, elles doivent en se répandant tout-à-l'entour, pénétrer avec une extrême facilité toutes les choses, & s'insinuer dans le vuide des airs.

D'ailleurs, si l'on est persuadé de l'extrême vîtesse avec laquelle la lumiere, la chaleur du soleil s'élancent sur la terre & remplissent dans un instant le vaste espace du ciel & tout ce qui est au-dessous de cette surface éclatante comme la mer, l'air, &c. Peut-on douter que les images qui émanent de la surface des corps, & dont rien ne retarde l'émanation, n'aient un mouvement beaucoup plus rapide, & ne parcourent dans un même temps, un espace beaucoup plus considérable que celui que parcourent la lumiere

& la chaleur du soleil? Pour se convaincre encore davantage de ce mouvement rapide des images ou simulacres des corps, on peut exposer à l'air pendant une belle nuit un vase plein d'eau, & l'on verra aussi-tôt les astres qui parent la voûte des cieux s'y peindre comme dans un miroir & se réfléchir ; quelle extrême vîtesse doivent donc avoir les images de ces astres pour arriver ainsi en un clin d'œil de la voûte des cieux à la surface de la terre? Ces corps qui frappent l'organe de la vue & se portent aux rayons visuels émanent donc continuellement des objets, & il n'y a rien dans la nature d'où il n'écoule perpétuellement des images. Les odeurs émanent de certains corps, le froid vient des rivieres, la chaleur du soleil, le flux & le reflux de la mer mine insensiblement les édifices qui sont situés sur ses bords, des sons différents ne cessent jamais de se faire entendre aux oreilles ; enfin, si l'on se promene sur le rivage de la mer, l'odorat est blessé par une humeur âcre qu'elle renvoie continuellement de sa surface, & si l'on voit piler & préparer de l'absynthe, on ressent son amertume. Il émane par conséquent des images continuelles des corps, lesquelles se répandent & s'élancent à chaque instant de tous côtés dans les airs; cet écoulement est continuel, il n'est jamais suspendu, nos sens en sont sans cesse affectés, le spectacle de l'univers est l'objet perpétuel de notre vue, l'odeur nous donne ses parfums, & les sons flattent nos oreilles.

Ces images sont les causes de nos sensations, une image qui se détache d'un corps fait impression sur nos sens, les pénétre & peint dans l'intérieur du sens l'objet même d'où elle émane, ainsi la vue & le toucher ont une même cause de sensation, c'est le toucher de l'image sur l'organe de la vue qui nous fait voir l'objet, comme c'est l'attouchement du corps qui nous fait juger de sa forme.

Les yeux seuls ont la faculté de voir les simulacres qui émanent des corps & qui remplissent sans cesse tout l'intervalle des airs. C'est la différente impression des images sur nos organes, leur mouvement plus ou moins rapide dans les airs, qui nous fait juger de la distance des objets, car plus il y a d'air qui s'agite entre l'image & nos yeux, plus l'objet d'où se fait l'émanation, paroît à une distance considérable ; c'est ainsi qu'on peut expliquer comment les images des objets se peignent à une certaine distance dans un miroir, comment ils peuvent se réfléchir de miroir en miroir, comment étant dans l'obscurité l'on voit les objets qui sont à la lumiere, & qu'on ne peut voir à la lumiere, les objets qui sont dans l'ombre.

La nature de ces simulacres sert encore à expliquer pourquoi les objets paroissent jaunes aux yeux des personnes attaquées de la jaunisse, c'est qu'il s'exhale de leurs corps malades des semences de la même couleur qui s'impriment sur les simulacres qu'ils rencontrent, & ces simulacres ainsi teints, se portant ensuite dans leurs yeux, doivent leur faire paroître tous les objets de la même couleur.

Une tour quarrée paroît ronde dans l'éloignement, parce que tout angle vu de loin, paroît fort obtus, & que les simulacres qui émanent de la tour, sont émoussés par les impressions de l'air qu'ils rencontrent, de forte que les angles de ces fimulacres perdent leur figure & deviennent imperceptibles.

Il ne faut pas d'ailleurs être étonné que nous ne puiffions appercevoir les fimulacres des corps, quoiqu'ils nous rendent fenfibles les objets d'ou ils émanent; car de même que nous ne fentons pas chaque particule du vent & du froid féparément, qu'il n'y a que la réunion de ces particules qui faffe impreffion fur notre corps; de même il faut l'enfemble de plufieurs fimulacres pour faire fenfation fur la vue.

Ne femble-t-il pas auffi que l'ombre qui fe forme fur la terre, foit capable de mouvement; elle eft inféparable de toutes nos démarches, elle imite toutes nos actions, fi pourtant on peut fe perfuader que l'air étant privé de la lumiere, puiffe imiter l'homme dans fes mouvements, le fuivre & gefticuler de la même maniere; car ce que nous appellons l'ombre, ne peut être qu'un air privé de lumiere: en effet de quelque côté que nous portions nos pas, il fe forme une oppofition entre le foleil & la terre; il fe fait par conféquent dans

le

le lieu où nous sommes une privation de lumiere, & la clarté ne revient dans ce lieu que lorsque nous le quittons. C'est ce changement qui nous persuade que l'ombre de notre corps l'accompagne toujours, & qu'elle nous est inséparablement attachée, car de nouveaux rayons de lumiere se suivent continuellement pour briller dans les airs ; ils ne se montrent qu'un instant, & disparoissent comme de la laine qu'on brûleroit au feu. Ainsi la terre facilement privée de sa lumiere, se remplit incessamment de nouveaux rayons qui dissipent & chassent l'épaisseur des ombres.

Nous ne devons pas attribuer à nos sens le défaut de jugement de notre esprit ; nos sens ne peuvent connoître la nature des choses, ils ne sont juges que de ce qui les affecte immédiatement. Ne semble-t-il pas que le vaisseau sur lequel nous sommes soit fixe sur les ondes, lors même qu'il vogue à pleines voiles sur la mer ? On croiroit voir le rivage, les collines & les campagnes s'avancer vers la poupe, lorsqu'un vent favorable éloigne le vaisseau de la côte : tous les astres alors paroissent immobiles & comme fixés aux voûtes brillantes du ciel, quoiqu'ils soient dans un mouvement perpétuel, qu'ils retournent constamment aux mêmes points du ciel où ils ont commencé à paroître sur l'horizon, après avoir parcouru leurs vastes orbites. Le soleil & la lune paroissent également immobiles, quoique nous soyons assurés par l'expérience qu'ils ont un mouvement réglé & continuel dans l'espace. De même si l'on regarde de loin, du milieu des mers, des montagnes élevées, on croiroit qu'elles ne forment toutes ensemble qu'une seule Isle, quoiqu'il puisse y avoir entr'elles une distance si considérable qu'une flotte entiere pourroit y trouver un libre passage. Il semble aux enfants, lorsqu'ils ont cessé de tourner dans une salle, que les murailles de la salle, les colonnes qui la soutiennent, tournent pareillement; ils tremblent que toute la maison ne les accable de sa chûte.

Quand l'aurore commence à faire paroître ses premiers rayons sur l'horizon, & qu'insensiblement elle déploie sa clarté brillante dans les airs, on croiroit dans cet inftant voir le foleil s'élever du fein des montagnes voifines; elles paroiffent toutes en feu par la réflexion des rayons étincelants de ce globe lumineux; les montagnes femblent éloignées du lieu où le foleil fe leve, de deux mille traits d'arcs, ou tout au moins de cinquante jets de javelots, quoique néanmoins il y ait entre le foleil & les montagnes, des mers immenfes, qui s'étendent fous le vafte efpace de l'air; des contrées confidérables, habitées par différents peuples & par des animaux de toutes fortes d'efpeces.

L'eau qui féjourne entre les pavés des rues, quoiqu'elle n'ait pas fouvent la profondeur d'un doigt, offre à nos regards un ciel autant éloigné fous la terre que les voûtes profondes des cieux s'élevent au-deffus de nous, de forte que l'on croit voir le ciel, les aftres, le foleil & les nues briller fous les pieds.

Si en traverfant une riviere à cheval, nous nous arrêtons au milieu & que nous regardions fixement le courant de la riviere; il femble alors que le cheval, quoique immobile, traverfe la riviere & qu'elle remonte avec impétuosité vers la source. De quelque côté que nous portions nos regards, tous les objets fixes paroissent être en mouvement & emportés par la force de l'eau. De même encore si nous regardons de loin une galerie soutenue par des colonnes d'égale hauteur & par des murs à égale distance, il semble que les colonnes diminuent de hauteur & se resserrent; les murs de droite & de gauche, le plancher, le plafond, semblent se rapprocher & se terminer en pointe, comme l'extrêmité d'un cône. Les matelots en pleine mer se persuadent que le soleil se leve & se couche dans l'océan, parce qu'ils ne découvrent que la mer & le ciel; mais sur des apparences aussi légeres ne croyons pas que les sens puissent se tromper.

Ceux qui ne connoissent pas beaucoup cet élément, croyent voir les vaisseaux qui sont ancrés au port dans un continuel balancement. La surface des eaux leur paroît couverte d'équipages brisés; une partie des rames & du gouvernail qui sort au-dessus de l'eau, paroît droite à leurs yeux, & les autres parties qui sont plongées dans la mer paroiſſent briſées, parce que ces dernieres parties en réfléchiſſant leurs images, ſemblent flotter à la ſurface de l'onde & être emportées par le mouvement rapide des vagues. Lorſque la nuit répand le calme ſur la terre, & que les vents entrainent dans les airs de légers nuages, ne ſemble-t-il pas que les aſtres brillants ſuivent une direction oppoſée à celles qu'ils ont ordinairement? Si vous preſſez dans un certain ſens, un de vos yeux avec la main, tous les objets que vous regardez avec l'autre œil paroiſſent doubles, les flambeaux reçoivent une double lumiere, les ameublements de la maiſon ſont doubles, & toutes les perſonnes paroiſſent avec deux viſages & deux corps. Quand le ſommeil enfin nous fait éprouver ſes douceurs, que le corps jouit d'une parfaite tranquillité, ne nous ſemble-t-il pas ſouvent que nous ſommes éveillés, que nous remuons, que nous agiſſons? Nous croyons voir dans l'obſcurité de la nuit la lumiere éclatante du ſoleil, nous nous perſuadons, quoique renfermés dans une chambre, que nous voyons le ciel, la mer, les fleuves, les montagnes; nous croyons traverser à pied les campagnes ; nous nous figurons entendre du bruit, quoiqu'il regne un profond silence & que toute la nature soit sourde à nos discours. Si nous voulions y prêter attention, nous verrions qu'il y a mille autres choses semblables, dont les effets différents tendent à nous rendre suspects les rapports de nos sens; mais c'est en vain, car la plupart de ces choses ne nous trompent que par le faux jugement qu'en porte notre esprit, qui nous fait prendre pour réelles des choses dont les sens n'ont nulle connoissance, & auxquelles ils n'ont aucune part. Si la connoissance du vrai ne peut venir que des premieres fonctions de nos sens, on ne peut récuser leur témoignage : les sens ne sont-t-ils pas la cause premiere de toutes les opérations de l'ame, & si les sensations qu'ils éprouvent sont fausses, toutes les opérations de l'ame ne doivent-t-elles pas l'être aussi ? Les sens sont indépendants les uns des autres, ils ont chacun les qualités qui leur font propres : il faut donc que les corps durs, mols, froids ou chauds paroissent tels au toucher. Ne point s'en rapporter au témoignage de ses sens, c'est détruire les premieres notions, & renverser de fond en comble les fondements sur lesquels sont appuyés notre vie & notre conservation ; car si l'on ne se fioit pas à ses sens, non-seulement toute la raison s'anéantiroit, mais même la vie n'auroit plus un seul moment d'existence, on ne pourroit éviter les lieux dangereux, éviter les choses nuisibles & rechercher celles qui sont agréables. C'est donc en vain qu'on emploie les arguments les plus spécieux pour combattre la puissance certaine des sens. Si un Architecte, trompé par les erreurs de son esprit, travaille dans la construction d'un bâtiment contre les regles de l'art, si son équerre est mal placée, si le niveau n'est pas bien pris, si l'à-plomb n'est pas juste, tout l'édifice paroît de travers, sans ordre, sans symmétrie ; certaines parties sont ou trop hautes ou trop avancées, d'autres trop basses ou trop reculées ; le bâtiment semble à chaque instant

B iv

menacer ruine. Il en est de même de la raison, comme elle tire toutes ses connoissances des organes des sens, si leurs sensations ne sont point réelles, si leurs facultés sont trompeuses, la raison n'aura que des lumieres incertaines, elle partagera leur erreur & leur incertitude.

Chaque sens est affecté par les choses qui lui sont propres; le son se fait entendre aussi-bien que la voix, lorsque les petits corps dont ils sont composés, s'insinuent dans les oreilles & les pénétrent. La voix & les sons sont donc d'une nature corporelle, puisqu'ils ont la faculté de frapper les sens & de les exciter : en effet on a souvent mal à la gorge de trop parler, la poitrine souffre des cris perçants qu'on a jettés, parce que les petits corps qui sont les éléments de la voix, se pressent de sortir en foule des poulmons, & blessent les passages étroits par où ils passent. La voix d'ailleurs perd son articulation dans une distance trop considérable, les paroles se détruisent par la rencontre de l'air; les oreilles alors ne reçoivent qu'un son confus, elles ne peuvent discerner le sens des paroles; tous les principes de la voix sont mêlés & confondus les uns dans les autres.

Une seule & même voix peut se multiplier mille & mille fois, puisque dans une grande place un crieur public se fait souvent entendre de tout un peuple, & qu'il imprime aux oreilles d'un chacun la forme & le son distinct de ses paroles. Mais la partie de la voix qui ne vient point aux oreilles, périt inutilement en se dispersant dans l'air; & la partie au contraire qui est reçue sur les murailles, dans le creux des rochers, dans les vallons, en se réfléchissant, rend souvent les sons si parfaitement que l'on est quelquefois la dupe de ce langage trompeur.

Ces effets vous étant connus, il vous est facile de comprendre comment les rochers rendent exactement les paroles que nous proférons; quand nous cherchons au milieu des forêts épaisses & des vallons solitaires, nos compagnons qui s'y sont égarés, & que nous les appellons par nos cris redoublés. J'ai même fait l'expérience qu'une seule voix pouvoit se répéter jusqu'à six ou sept fois; les collines en se la renvoyant de l'une à l'autre, répetent les mêmes paroles distinctement.

Ceux qui habitent le voisinage de ces lieux solitaires, ont feint qu'ils étoient la demeure des Faunes, des Nymphes, des Satyres; ils assurent que le silence de la nuit est souvent troublé par leurs plaisirs & leurs jeux; ils disent qu'ils expriment sur leurs flûtes des tons harmonieux, & qu'ils font entendre leurs douces quérelles, leurs tendres plaintes; que les Villageois s'apperçoivent de loin lorsque Pan fait branler la couronne de pin qu'il porte sur sa *tête cornue*, & quand il parcourt de ses levres crochues les tuyaux de sa flûte, & qu'il fait entendre les accents de sa muse champêtre. Enfin on fait plusieurs contes de monstres & de prodiges de cette espece, de peur que l'on ne s'imagine que les lieux solitaires sont privés de la présence des Dieux; ils entassent merveilles sur merveilles à cette occasion, soit qu'ils y soient portés par quelques raisons particulieres: l'homme n'est que trop souvent avide de débiter des fables, & d'avoir des gens crédules qui les écoutent.

La vûe ne peut atteindre où la voix peut pénétrer, parce que les images de la vue se brisent, lorsqu'elles ne rencontrent pas des issues droites, comme celles du verre qui sont facilement traversées par toutes sortes d'images & que le son peut passer par des routes obliques & sinueuses; d'ailleurs les images des objets ne peuvent se porter qu'en ligne droite, on ne peut voir à la fois devant & derriere soi, au lieu qu'une même voix peut se faire entendre & se diriger dans tous les sens.

La langue & le palais sont les organes du goût: les aliments broyés par la bouche, expriment un suc qui s'insinue dans les petites ouvertures obliques de la substance poreuse de la langue & du palais, & suivant que les éléments qui composent ce suc, sont polis ou anguleux, ils produisent une sensation agréable ou désagréable.

Les mêmes aliments peuvent affecter différemment les organes du goût, ce qui paroît rude & amer aux uns, peut paroître doux & suave aux autres. Cette différence même est quelquefois si considérable, que ce qui

B vj

sert d'aliment aux uns, est un poison mortel pour les autres. La salive de l'homme est mortelle pour le serpent : lorsqu'il en est atteint, il se replie avec fureur sur lui-même, & se donne la mort par ses morsures réitérées. De même l'ellébore, qui est une nourriture excellente pour les chevres & les cailles, est un poison dangereux pour l'homme. Pour connoître les causes de toutes ces différences, rappellez-vous que les corps sont composés de principes très-variés, & comme tous les animaux qui respirent, different à l'extérieur, que chaque espece a une forme & des parties différentes qui la distinguent ; ils doivent être formés d'éléments variés & de figures différentes. Or, comme les éléments dont ils sont composés different entre eux, il faut aussi que les intervalles, les passages, les pores soient différents dans l'union des membres, & qu'ainsi la bouche & le palais par la disposition différente de leurs principes, soient affectés diversement de la saveur des choses. De ces principes il y en a de plus grands & de plus petits; les uns sont de forme quarrée ou triangulaire, d'autres ronds ou anguleux, ou de quelque autre figure ; car il doit y avoir une auſſi grande diverſité entre les pores & les ouvertures extérieures, qu'il y en a entre la forme & la figure des éléments qui la compoſent, & partant ce qui flatte le goût de l'un, peut paroître amer à un autre. La ſaveur d'une choſe naît des éléments doux & polis qui la compoſent, & qui affectent légérement le palais ; comme ſon amertume vient des éléments durs & anguleux qui agiſſent avec trop de dureté ſur l'organe du goût.

Parlons à préſent de l'impreſſion des odeurs ſur l'odorat. Il faut d'abord convenir qu'il y a nombre de corps ſur la terre d'où il ſe fait une émanation continuelle de différentes odeurs, qui ſe répandent de toutes parts dans l'air ; de ces différentes odeurs il y en a qui ſont plus propres à certains animaux qu'à d'autres, à cauſe de la différente figure de leurs éléments conſtituants. C'eſt la raiſon pourquoi les abeilles ſont attirées de loin par l'odeur du miel, les vautours par la puanteur infecte des cadavres ; c'est par cette même raison que les chiens fuivent à la pifte les animaux qu'ils chaffent & que l'oye, gardienne du Capitole, fent de loin l'odeur du corps humain. La nature pour conferver toutes les efpeces d'animaux a voulu que chacun d'eux fût doué d'un odorat qui lui fût propre & qui lui fervît à choifir les aliments qui lui conviennent, & à rejetter ceux qui lui font nuifibles. Les odeurs ne font pas une égale impreffion, il y en a qui s'étendent plus loin les unes que les autres, mais aucune d'elles ne peut jamais s'étendre auffi loin que les voix & les fons, & moins loin encore que les images & les fimulacres qui viennent frapper la vue & nous font appercevoir les objets : car les odeurs ont peu d'activité dans leur émanation, elles périffent fouvent peu-à-peu par le choc de l'air, avant d'arriver à l'odorat, parce qu'elles émanent avec peine de l'intérieur des corps, & la preuve que les odeurs viennent plutôt de l'intérieur des corps que de la furface extérieure, c'eft qu'elles ont plus de force, lorfqu'elles s'exhalent de tout ce qui est broyé, pilé où détruit par le feu. D'ailleurs les éléments qui composent les odeurs sont plus grands que ceux de la voix, puisque la voix & le son passent au travers des murs que les odeurs ne peuvent pénétrer. C'est pourquoi il n'est pas aussi facile de découvrir les lieux d'où émanent les odeurs, que ceux d'où viennent les sons ; car les odeurs se refroidissent dans l'air où elles passent lentement, & elles perdent la chaleur nécessaire pour faire impression sur l'odorat, ce qui est cause que les chiens se trompent souvent, & qu'ils cherchent en vain les traces des animaux qu'ils ont perdus.

Ces effets différents ne se trouvent pas seulement dans l'odeur & le goût, mais il est également certain que les couleurs, les images des objets ne conviennent pas toutes tellement à nos sens, qu'il n'y en ait quelques-unes qui ne soient plus désagréables aux yeux que les autres.

Lorsque le coq par le battement de ses ailes annonce la joie qu'il ressent de voir disparoître les sombres voiles de la nuit, & que l'éclat de sa voix rappelle les mortels au travail; le lion, cet animal si fier & si terrible, ne peut cependant lui résister; il n'ose soutenir son regard, & n'a d'autres secours dans cette occasion qu'une fuite très-prompte. La raison de cet effet étonnant ne peut venir que parce que dans les principes qui constituent le corps du coq, il y en a de certains qui en pénétrant les yeux du lion, blessent ses paupieres, & lui causent une douleur si cuisante que, quelque courageux qu'il soit, il ne peut y résister; quoique ces mêmes principes ne puissent blesser nos yeux ni même les affecter, soit parce qu'ils ne peuvent les pénétrer, ou parce que les ayant pénétrés, rien ne s'oppose à leur libre sortie.

Je vais maintenant vous parler en peu de mots des causes qui font mouvoir les différentes facultés de l'esprit, & des choses qui font l'objet de l'entendement. Rappellez-vous qu'il y a un nombre considérable de simulacres qui émanent des corps & qui se dispersent de toutes parts : ces simulacres sont d'une nature si déliée que, lorsqu'ils se rencontrent, ils s'unissent facilement les uns avec les autres: femblables à des toiles légeres d'araignée, ou à des feuilles d'or très-minces que le vent poufferoit dans les airs. La tiffure de ces fimulacres étant beaucoup plus délicate que celle des images qui excitent la fenfation de la vue, ils pénetrent par les pores du corps, exercent leur action fur la nature déliée de l'efprit, & déterminent ainfi le fentiment.

C'eft la réunion de ces fimulacres qui nous repréfente des Centaures, des Scylles, des Cerberes, & les phantômes de ceux que la mort nous a enlevés; car on ne peut douter qu'il n'y ait des images de toute efpece: les unes fe forment d'elles-mêmes dans l'air, les autres partent du fond ou de la fuperficie des corps. Le hafard réuniffant plufieurs fimulacres, en forme de nouveaux d'une forme bifarre & finguliere. Il eft certain que les Centaures ne tirent point leur origine d'aucun animal vivant, puifqu'on n'a jamais vu fur la terre aucun animal de cette nature; mais fi par hafard le fimulacre d'un homme & d'un cheval fe rencontrent dans l'air, ils pourront facilement s'unir l'un à l'autre, à cause de leur tissure très-déliée, & ne formeront ainsi qu'un même simulacre qui pourra tenir de la nature des deux : tous les autres monstres de ce genre n'ont point d'autre origine; ils sont formés par la rencontre des images les plus légeres qui traversent l'espace avec la rapidité de l'éclair. L'esprit par conséquent peut être facilement ébranlé par la rapidité de leur impression, car il est lui-même composé d'élémens si actifs, si déliés, qu'il peut être mu & excité avec une merveilleuse facilité.

Rien ne peut mieux nous convaincre que la pensée est l'effet nécessaire des simulacres, que les objets mêmes qui se présentent à notre esprit, lesquels sont parfaitement semblables à ceux qui paroissent aux yeux. C'est donc une nécessité que nous comprenions les choses comme nous les voyons; que la vue de l'esprit soit conforme à la vue du corps : ainsi, comme lorsque je vois un lion, c'est parce que l'image qui en émane, vient frapper ma vue; par la même raison, je ne dois point douter que d'autres images semblables, émanées du lion, ne soient la cause qui agit sur mon esprit, & le rend capable de voir aussi bien que les yeux, avec cette différence néanmoins que l'esprit se représente les objets avec plus de vîtesse & de promptitude.

C'est par le concours perpétuel de ces simulacres que l'esprit conserve quelquefois son action, lorsque le sommeil s'est emparé de tous les membres; alors les mêmes images que l'on appercevoit lorsque l'on étoit éveillé, agissent sur lui : l'on croit même voir ceux dont les cendres reposent dans le sein de la terre ; car les sens ayant suspendu leur action & étant livrés au sommeil, comme tout le reste du corps, ils ne peuvent faire connoître à l'esprit son illusion, en lui représentant la vérité des objets. La mémoire d'ailleurs étant aussi assoupie & suspendue par l'action du sommeil, l'esprit abandonné seul à ses idées, ne peut s'assurer & reconnoître par lui-même si celui qu'il se représente comme vivant, n'est pas la même personne que la mort lui a ravie depuis long-temps.

D'ailleurs le mouvement des simulacres, celui de leurs bras, de leurs mains, de toutes les parties de leurs corps qui se représentent à notre esprit dans le sommeil, n'a rien d'étonnant, car lorsqu'un simulacre disparoît, un autre lui succede aussitôt, & se représente dans la même situation; son geste & son mouvement sont seulement différents du premier. Ce remplacement se fait avec une vîtesse prodigieuse, tant les simulacres ont une extrême mobilité, tant leur nombre est immense, & la quantité des éléments qui les forme considérable dans tous les temps. Cette matiere est susceptible de beaucoup de difficultés que je vais vous éclaircir, afin de vous faire connoître parfaitement les secrets les plus cachés de la nature. On demande d'abord comment l'esprit humain peut déterminer sa pensée suivant sa volonté. Les simulacres sont-ils dans une perpétuelle attente pour suivre les mouvements de nos desirs? Se présentent-ils à notre esprit dans l'instant que nous le voulons? Si nous voulons nous représenter la mer, la terre, le ciel, les assemblées publiques, les festins, les combats; la nature crée-t-elle dans le moment, ou a-t-elle des images toutes prêtes de ces choses pour les faire paroître à notre moindre commandement? Si nous faisons sur-tout attention que dans le même lieu, les mêmes personnes pensent & se représentent souvent des choses très-différentes.

Dans le sommeil, nous voyons passer les images des objets, elles marchent en cadence, elles remuent les bras, les pieds avec mesure. Dira-t-on que ces images sont instruites dans l'art de la danse, & qu'elles savent donner des fêtes pendant la nuit? N'est-il pas plus vrai de dire, que, de même que dans toute mesure sensible de temps, il y a nombre d'instants insensibles que la raison seule peut comprendre; de même aussi dans tous les temps, dans tous les lieux, il y a toujours des images toutes prêtes à fournir à la pensée, tant les simulacres sont abondants & sont doués d'une extrême mobilité.

Il faut aussi considérer que les images qui se présentent à l'esprit, sont d'une nature infiniment plus déliée que celles qui s'offrent aux yeux : l'esprit ne peut les appercevoir, s'il n'y prête toute son attention; ces images s'évanouissent sans faire aucune impression sur lui lorsqu'il n'est point attentif à les recevoir; ce n'est que lorsqu'il en a le desir & la volonté qu'il les voit en effet. Cette vérité est confirmée par les yeux qui sont obligés de réunir toutes leurs forces quand ils veuillent voir les corps d'une tissure déliée; sans cette réunion les yeux ne pourroient même appercevoir aucun objet bien distinctement. C'est ce que chacun peut reconnoître, car lorsque l'esprit est distrait ou occupé fortement de quelque chose; les objets sensibles, ou qui sont près de nous, paroissent très-éloignés ou d'une maniere confuse. Nous ne devons donc pas être étonnés que l'esprit ne puisse appercevoir que les images qui sont le sujet de son attention: ne se flatte-t-on pas d'ailleurs tous les jours de grandes choses sur de légeres apparences? ne se plonge-t-on pas sans y penser dans l'erreur? l'on n'est que trop souvent ingénieux à se tromper & à se faire illusion. Les simulacres changent encore de forme & de figure, ceux qui d'abord s'étoient préfentés à l'efprit fous la figure d'une femme, fe changent auffitôt en celle d'un homme, leur métamorphofe eft continuelle, mais tous ces changements n'ont rien d'étonnant, puifqu'ils font l'ouvrage du fommeil & de l'oubli.

Je voudrois maintenant vous faire éviter l'erreur de ceux qui croient communément que les yeux ont été faits pour voir les objets, que les jambes ont un mouvement facile, afin que nous puiffions aifément nous baiffer, nous relever & aller d'un lieu dans un autre, que la nature nous a donné des bras forts & robuftes, des mains flexibles, afin de pouvoir faire aifément tout ce qui eft néceffaire pour la confervation de la vie. Car il me paroît que c'eft mal raifonner que de foutenir que les chofes qui fervent à l'homme, lui ont été données par la vue de l'utilité qu'il en a pu retirer; aucune partie de notre corps n'a été formée à deffein, & pour que nous puiffions nous en fervir; mais tous les membres ayant été formés, le temps a fait naître leur ufage.

La vue n'a point été faite avant la formation des yeux, la parole n'a point précédé la langue, mais cet organe admirable a été formée bien long-temps avant qu'on sût l'employer, les oreilles ont été produites avant les sons & la voix. Enfin, la formation de tous les membres a précédé de bien loin leur usage, & aucun d'eux n'a été produit en vue de leur utilité, mais tout au contraire l'usage de se servir de ses mains dans les querelles, pour déchirer les membres, pour souiller la terre de sang, a précédé l'invention des dards & des fleches; la nature a appris aux hommes, comment il falloit se garantir des blessures, avant qu'ils eussent trouvé l'art de faire des boucliers, des casques, des cuirasses, ils ont eu l'habitude de reposer leurs corps fatigués sur la terre, sur l'herbe tendre ou en plein air avant qu'ils eussent imaginé des lits mols & voluptueux, ils se sont servis de leurs mains pour puiser de l'eau & se désaltérer, long-temps avant qu'ils eussent trouvé les différentes sortes de vases & les vignobles. On peut donc croire facilement que toutes ces choses

ses qui sont nées de l'usage, ont été trouvées par le besoin & la nécessité ; mais il n'en est pas de même de celles qui ont été produites avant leur usage, & dont par la suite du temps on a trouvé l'utilité, comme sont principalement les sens & les membres ; car il me paroît impossible que la nature ait jamais pu les créer en vue de l'utilité dont ils nous sont à présent.

L'émanation qui se fait des corps vivants est la cause de la faim & de la soif; la sueur sort en abondance par les pores, la plupart des animaux lorsqu'ils sont accablés par la chaleur & la lassitude, exhalent une grande quantité de corpuscules par la bouche ; cette émanation raréfie leurs corps, toute leur nature s'affaise, la douleur se fait sentir dans les membres; il faut donc qu'ils recherchent des aliments qui réparent leurs forces, fortifient leurs membres affoiblis, & qu'ils rétablissent l'économie & l'équilibre dans toutes les parties de la machine.

Je vais vous apprendre à présent comment notre volonté regle nos mouvements, comment nous avons la liberté de remuer nos membres, & quel est le mobile qui fait agir un poids aussi considérable que notre corps. Afin que le corps se meuve, il faut que des simulacres se présentent à l'esprit & l'excitent ; de-là se forme la volonté, car on ne peut entreprendre quoi que ce soit, si l'esprit n'a prévu auparavant ce qu'il veut faire : or, il n'est pas douteux qu'il seroit dans l'impossibilité de rien prévoir, si les images des objets extérieurs n'exerçoient leur action sur lui ; quand donc l'esprit est excité par leur impression, & qu'il se détermine à se mouvoir, il agit dans le même moment sur l'ame qui, comme je vous l'ai dit ci-devant, est répandue & dispersée dans toutes les parties du corps. La communication de l'esprit avec l'ame est aisée à concevoir, puisqu'ils sont unis très-étroitement l'un avec l'autre ; il résulte aussitôt de cette impulsion un mouvement universel dans tous les membres, de sorte que toute la masse étant ébranlée, s'agite & se remue. Alors le corps se raréfiant, l'air qui est un des éléments de l'ame, étant par sa nature très-mobile, pénetre par les pores du corps & s'insinue jusques dans ses plus petites parties, & le corps ainsi excité à la fois par l'action de l'air & des simulacres, se met en mouvement; comme le vaisseau sur la mer se meut par l'agitation des voiles & par la force du vent. Ne soyez point surpris que des corps si petits puissent ébranler & mettre en mouvement une machine aussi considérable que le corps, puisque le vent qui est également composé d'éléments très-déliés & très-petits, agite sur la mer les plus grands vaisseaux, qu'un seul Pilote suffit souvent pour conduire le navire le plus considérable, & qu'au moyen du gouvernail, il le dirige à sa volonté, malgré la violence du vent & l'agitation des voiles. On voit aussi tous les jours, qu'à l'aide des machines les plus simples, on peut élever & transporter les fardeaux les plus pesants.

Je vais maintenant vous expliquer comment le sommeil répand sa douce tranquillité dans les membres, & bannit de notre esprit le chagrin & l'inquiétude. Premierement les parties extérieures du corps étant environnées de l'air de toutes parts, il faut nécessairement qu'elles en soient frappées, & qu'elles reçoivent ses impulsions continuelles ; c'est par cette raison qu'il n'y a aucun corps dans la nature qui ne soit garni & défendu par une enveloppe extérieure, comme la peau, le cuir, la soie, la laine, les coquilles, l'écaille, l'écorce : l'air cependant pénetre les parties intérieures, exerce son action sur elles, lorsque les animaux l'attirent, ou le respirent. Ainsi le corps étant frappé de part & d'autre dans tous les sens par l'action de ce fluide, son impression pénétrant par les pores jusques à ses premiers éléments, c'est alors que le sentiment s'éteint peu-à-peu dans toute la machine ; car les mouvements, les situations principales de l'ame & de l'esprit sont tellement troublées, qu'une partie de l'ame est poussée hors du corps, une autre partie est forcée de se cacher dans les lieux les plus profonds, & celle qui reste, étant dispersée dans tous les membres, ne peut animer les sens & exciter les mouvements nécessaires, car la nature s'est emparé de tous les passages. Le sentiment se retire donc dans les parties intérieures, puisque les mouvements sont changés : & parce qu'il ne reste plus rien pour commander aux corps, il languit; les bras, les paupieres s'abbaissent, les genoux plient, & la foiblesse se fait sentir dans tous les membres.

L'aliment en se répandant dans les veines, peut faire naître le sommeil, de même que l'air; & même si l'on a beaucoup mangé ou fatigué, l'assoupissement en sera plus profond : dans ce cas une plus grande quantité d'éléments étant mise en mouvement par l'effet de la digestion, leur assemblage se trouble, & l'ame par cette raison souffre une plus grande division; la plus grande partie est rejettée au dehors, & celle qui reste est plus divisée & plus enfoncée dans l'intérieur des parties du corps.

Le sommeil nous représente souvent les objets auxquels on est le plus attaché; on croit voir en dormant les choses dont on s'est occupé le plus long-temps pendant le jour, & qui nous ont affecté davantage. Les Avocats dans leurs songes plaident des causes, citent les loix & les réglements qui font en faveur de leur partie; les Généraux rangent des armées en bataille, livrent des combats; les matelots se perfuadent qu'ils ont à éviter des écueils, ou à lutter contre la violence des vents. Nous-mêmes, nous croyons philofopher & faire des recherches pour pénétrer la nature; nous nous figurons mettre fur le papier les découvertes que nous avons faites. Les études pour lefquelles on a le plus de goût, les arts qu'on a le plus cultivés, toutes les chofes enfin dont on s'eft le plus occupé, fe préfentent fouvent à l'efprit dans le fommeil. Si l'on a affifté plufieurs jours de fuite à des fpectacles qui auront fait une vive impreffion, les images de ces fêtes fe repréfenteront à l'efprit pendant la nuit; & même, étant éveillé, on croira pendant quelque temps les avoir préfentes devant les yeux : le fpectacle, les décorations, les danfes, le fon mélodieux des divers inftruments, les habillements d'or & de pourpre, tout le théatre feront la même impreffion fur les fens que s'ils étoient préfents; tant le travail affidu, l'étude, les exercices habituels font de fenfation à cet égard, non-feulement fur les hommes, mais encore fur les animaux. Voyez un jeune & vigoureux courfier couché & étendu fur le duvet des prairies, il femble par fes mouvements rapides afpirer à une noble victoire; il s'émeut, il s'agite, il hennit, il fe couvre d'écume & de fueur; on diroit qu'il cherche à employer fes forces, comme s'il avoit quelqu'un à vaincre. Souvent dans leur fommeil des chiens de chaffe femblent vouloir partir tout-à-coup, ils rempliffent les lieux qui les environnent de leurs cris, de leurs aboyements; ils attirent l'air par leurs narines, comme s'ils étoient fur les voies des animaux qu'ils croient chaffer; quelquefois même étant éveillés, ils fuivent les vaines images des cerfs, comme fi ces animaux prenoient la fuite devant eux; & ils ne ceffent de s'agiter, jufqu'à ce qu'ils aient reconnu leur erreur & repris leur efprit. De même la race fidelle des chiens domeftiques fait une garde vigilante pendant la nuit; dans leur fommeil léger & incertain, ces animaux font toujours prêts à fe dreffer fur leurs pieds, comme s'ils avoient préfents quelques loups dévorants, ou qu'ils craigniffent la préfence de quelques voleurs. Les fonges font proportionnés aux principes conftituants de chaque animal : plus les éléments qui entrent dans leur formation font rudes, plus ils s'agitent, & plus ils montrent un naturel farouche. Ainfi plufieurs oifeaux des efpeces les plus timides croyant voir dans leurs fonges des éperviers ou des vautours affamés fondre fur eux, prennent la fuite, & troublent par le bruit de leurs ailes le filence des bois confacrés aux Dieux.

Les hommes, qui par l'étendue de leur efprit ne fe plaifent qu'à de grandes entreprifes, ne font rien dans leur fommeil qui ne foit proportionné à leurs vaftes deffeins; ils triomphent des Rois, ils les font prifonniers; ils donnent des combats, les uns jettent des cris comme s'ils étoient percés par le fer ennemi; les autres fe défendent avec acharnement, comme fi des lions ou des pantheres les euffent mis en pieces. Il y en a qui dans leurs fonges révelent les affaires les plus importantes, fouvent ils donnent la connoissance des crimes qu'il leur importe le plus de cacher ; d'autres croient passer du sommeil dans les bras de la mort, l'épouvante les saisit comme s'ils étoient précipités de la montagne la plus élevée dans l'abîme le plus profond ; cette effrayante pensée dissipe leur sommeil, ils croient avoir perdu leur raison, & il faut toute leur réflexion pour revenir de leur trouble & de leur agitation. Celui qui est altéré, croit être auprès d'une riviere, d'un ruisseau ou sur le bord d'une agréable fontaine ; il semble n'y être occupé qu'à étancher la soif qui le tourmente. Un jeune enfant assoupi par un sommeil profond & pressé par le besoin, croit lever ses vêtements & se mettre à son aise auprès de quelque vase ; tandis qu'il mouille en effet les draps & les couvertures magnifiques de son lit, tissues à Babylone ou à Memphis.

Mais lorsqu'on est parvenu à la fleur brillante de la jeunesse, lorsqu'un tempérament prématuré commence à se faire sentir ; alors des images d'une forme agréable & séduisante se présentent de toutes parts à l'imagination. Ces images agissent sur les parties qui contiennent une matiere surabondante, elles pénetrent jusques aux sources du plaisir; elles contraignent la matiere contenue dans les réservoirs de se répandre avec abondance au dehors, & cet instant de jouissance mouille souvent le lit & les vêtements: cet effet a lieu sur-tout dans l'âge de l'adolescence, lorsque le corps commence à acquérir de la vigueur. Le changement des causes produit des effets différents. La force du tempérament excite & met en mouvement cette matiere de la réproduction, qui étant forcée de quitter les lieux qui lui sont propres, se rend de tous les endroits du corps dans les réservoirs qui lui sont destinés; de là elle se communique aux parties que la nature a destiné à la génération. Ces parties excitées par cette matiere surabondante font naître le desir de la jouissance, l'esprit recherche avec empressement l'objet qui a fait naître sa flamme brûlante; car celui qui est atteint des traits de l'amour, soit que son cœur se soit laissé prendre aux charmes de la beauté, ou qu'il ait été entraîné par les caresses flatteuses de quelque jeune femme, tourne aussitôt toutes ses pensées vers l'objet de ses feux, il n'a point d'autre but, d'autre desir ; il veut s'unir à celle qui est la cause de son martyre, il voudroit lui communiquer les transports de sa passion dévorante, car la vivacité de ses desirs lui présage les plus grands plaisirs. Telle est la cause physique de cette passion, à laquelle on a donné le nom d'amour ; passion charmante, pleine de douceurs & de charmes, mais qui n'est que trop souvent suivie de chagrins & d'amertume ; en effet, si l'objet que l'on aime est absent, son image est toujours présente à l'esprit, & son nom chéri se fait sans cesse entendre aux oreilles.

Il faut fuir ces dangereuses images, il faut s'éloigner de tout ce qui peut servir à entretenir cette passion funeste : la constance est ridicule, quand elle est accompagnée de soucis & de chagrins ; car les playes de l'amour deviennent plus vives de jour en jour, les maux qu'il fait naître deviennent à la fin incurables ; les excès de cette passion, si on n'y apporte remede de bonne heure, augmentent sans cesse; ils multiplient les inquiétudes de l'esprit & les tourments du cœur, si on ne fait ses efforts pour arrêter ses progrès par de nouvelles blessures, & en portant son esprit sur d'autres objets. L'inconstance est le seul remede qui puisse alors nous guérir, la passion s'affoiblit en se partageant.

On ne goûte pas moins les plaisirs de l'amour, parce qu'on ne partage pas ses fureurs; au contraire l'amant tranquille a une jouissance pure & parfaite sans aucune peine, il ne se laisse point prendre dans les filets de l'amour, ou au moins il ne s'y engage qu'avec la liberté de pouvoir en sortir quand il lui plaît: l'amant trop empressé au contraire est incertain, embarrassé à l'instant même de la jouissance, il ne sait s'il doit faire usage de ses mains ou de ses yeux; il presse si fortement l'objet de ses transports, qu'il ne peut s'empêcher de lui causer de la douleur, il imprime sur les levres de son amante les marques de sa vive passion, on diroit que dans cet instant une cause secrete agit en lui & le porte à se venger sur l'objet de son amour des feux brûlants qui le dévorent. Le plaisir suspend pour quelque temps ses peines cuisantes, la volupté prête des charmes à la vivacité de ses emportements, on se flatte toujours que ce qui a fait naître l'ardeur des desirs, sera capable de l'éteindre: mais en vain, la nature montre tous les jours par une triste expérience que la passion de l'amour est insatiable, & que la jouissance des plaisirs ne fait qu'augmenter l'ardeur des desirs.

Les aliments en se répandant dans les membres se fixent à de certaines parties, & appaisent la faim & la soif; mais dans l'objet le plus aimable rien ne nous repait que de vaines images que le vent dissipe dans les airs, & dont la jouissance imaginaire ne peut assouvir les passions, & de même que dans la douceur du sommeil, celui qui se sent altéré cherche en vain de quoi éteindre l'ardeur qui le tourmente, soit auprès d'une riviere ou de quelque ruisseau, car il ne se représente à son imagination que des images de ses desirs qui ne peuvent appaiser sa soif; ainsi dans l'amour Vénus se joue des amants par des phantômes vains & trompeurs, elle préfente à des maux réels une guérifon imaginaire; infatiables dans leurs defirs, ils ne peuvent fe fatisfaire ni par la vue, ni par la jouiffance de l'objet qui les enflamme, rien n'eft capable de fixer leur incertitude.

Enfin, lorfqu'un jeune amant a atteint la fleur de fon âge, que fon corps a pris tout fon accroiffement, que fes membres ont acquis la vigueur néceffaire, que les émotions qu'il reffent font un préfage des plaifirs qu'il attend, fous les tendres aufpices de la déeffe des amours; il fe joint alors à l'objet de fes defirs, il le ferre avidement dans fes bras, il le couvre de fes plus tendres baifers, fes levres preffées amoureufement contre les fiennes, s'uniffent & femblent fe confondre, ils s'infpirent une ardeur mutuelle, mais en vain; car la trop grande vivacité de leurs feux eft un obftacle à leur jouiffance, quelques efforts qu'ils faffent, quelques ferrés que foient les liens de leur amour, ils ne peuvent venir à bout de fatisfaire leurs defirs, leur trop vive ardeur ne fert qu'à les affoiblir, & leurs membres lafsés semblent se dissoudre par la force de la volupté; mais lorsqu'enfin la nature & l'amour sont de concert, que la passion est satisfaite, l'impétuosité de leur ardeur est suspendue pour quelque temps : mais bientôt les mêmes desirs se renouvellent, les mêmes feux renaissent, on recherche de nouveau avec empressement l'objet de sa flamme, aucun remede ne tempere la violence de cette passion. Tant il est vrai que l'agitation perpétuelle des amants part de quelque cause secrette.

Le corps & l'esprit s'affoiblissent par les excès où cette passion entraîne; mais ce qu'il y a de plus funeste, c'est que l'on passe ses plus beaux jours dans une dépendance tyrannique, on dissipe son bien, on est assiégé de créanciers, on s'acquitte avec négligence de ses emplois, on perd sa gloire & sa réputation, on imagine tout pour flatter cette passion qui nous obsede, les parfums sont mis en usage, on prend la chaussure efféminée des Syconiens, on orne ses doigts d'éméraudes brillantes enchassées dans de l'or, on se pare d'habits les plus mols & les plus efféminés, enfin les biens que les peres ont acquis par des voies légitimes & avec beaucoup de peine, se métamorphosent en rubans, en bijoux, en robes précieuses fabriquées à Scio & à Malthe, & ce qui ne devroit être employé qu'à un usage modéré & à l'entretien, se consume en jeux, en musique, en festins, en guirlandes & en luxe de toute espece. Mais c'est bien inutilement qu'on cherche à flatter cette passion, son caractere est de n'être jamais satisfaite, l'inquiétude & les regrets s'élevent du sein des plaisirs, & empêchent qu'on ne jouisse parfaitement, soit que l'esprit reconnoisse son erreur par les reproches de la conscience, soit parce qu'on rougit de passer ainsi sa vie dans une honteuse oisiveté, ou bien, soit parce que l'objet qu'on aime aura laissé échapper quelques paroles qu'on aura interprété à son désavantage, soit enfin parce qu'il aura marqué trop d'égards pour quelqu'autre, & qu'on aura cru voir sur son visage le bonheur de son rival.

Or, si dans une passion heureuse & satisfaite, il se rencontre tant de chagrins, jugez quels doivent être les maux qui accompagnent un amour malheureux & rebuté : envisagez les peines d'une flamme sans succès, & vous serez convaincu qu'un amant est déchiré par mille inquiétudes. Il est donc toujours plus sûr de se défier des traits de l'amour, & de prendre garde à ne point tomber dans ses filets, car il n'est pas si difficile d'éviter d'y être pris, que d'en sortir quand une fois on y est embarrassé. Si cependant vous n'avez pu vous en défendre, vous avez encore quelque espérance de briser vos fers, hormis que vous ne vous opposiez vous-même au recouvrement de votre liberté, & que vous ne vous plaisiez à dissimuler tous les défauts de l'esprit & du corps de celle que vous aimez, & que vous desirez de posséder. C'est ce que font d'ordinaire la plupart des amants que l'amour aveugle, leur passion déguise les difformités des personnes qu'ils aiment, souvent même ils leur attribuent des avantages qu'elles n'ont pas. Cette dangereuse illusion fait qu'on adore quelquefois des personnes laides & méchantes, & qu'on les éleve au faîte de l'honneur. L'amour n'eſt que trop ingénieux à faire leur éloge. La noire, ſelon eux, n'eſt qu'une belle brune; la mal-propre & la ſale n'a que l'air négligé; la louche reſſemble à Pallas; la maigre & la décharnée n'en a que plus de force & de légéreté; la naine n'eſt que petite, elle pétille de grace & d'eſprit; celle qui eſt d'une ſtature démeſurée, n'en a que l'air plus noble & plus majeſtueux; ils diſent de la begue qu'elle ne veut pas ſe donner la peine de parler; de la muette, que ſa modeſtie eſt la cauſe de ſa retenue; celle qui eſt ardente, babillarde, médiſante, paſſe pour un eſprit vif, gai, brillant; celle qui eſt preſque muette de la toux, ſouffre qu'on l'appelle une beauté languiſſante; enfin celle qui eſt ſurchargée de graiſſe & d'embonpoint, paſſe pour la divine Cérès, ſi chérie de Bacchus; la camarde eſt de la race des demi-Dieux, des Sylenes, des Satyres, & celle enfin qui a les levres groſſes & un peu avancées, eſt le charme d'un doux baiſer. On ne tariroit jamais ſur toutes les folies de cette nature; mais quand il ſeroit vrai que votre amante eût des beautés qui la fissent admirer & qu'elle pût être mise en comparaison, je le suppose, avec Vénus; est-ce un ouvrage unique ? Avant que vous la connussiez, n'aviez-vous jamais goûté de plaisirs dans la vie ; ne profane-t-elle pas son mérite, en employant ainsi que les plus viles courtisanes toutes sortes d'artifices pour chercher à plaire? Si vous pouviez la voir à sa toilette ; vous la verriez faire usage de fard, de parfum & d'odeurs de toute espece; il exhale quelquefois de tout son corps une odeur si forte que les femmes même qui l'aident à sa toilette, sont obligées de se détourner pour se boucher le nez, tandis que le pauvre amant qui languit & soupire au dehors, couvre sa porte de fleurs & de bouquets ; il y brûle les parfums les plus délicieux, & le malheureux semble borner sa félicité à baiser le seuil de la porte de sa fiere maîtresse. Si lorsqu'on lui permet d'entrer dans sa chambre, il reconnoît tout l'art de sa parure, c'est alors qu'il doit chercher une honnête excuse pour se retirer, après lui avoir témoigné les plaintes que son amour avoit étouffées ; & il doit s'accuser d'une extrême folie d'avoir presque placé au rang des Dieux une créature si peu digne de son cœur & de sa tendresse. Aussi, lorsqu'une femme veut retenir un amant auprès d'elle & le conserver long-temps, il n'y a point d'art & d'industrie qu'elle n'emploie pour cacher tout ce qu'elle fait en secret, mais c'est bien inutilement ; car si vous ne pouvez découvrir tous ses artifices par la vue du corps, vous le pourrez au moins toujours par la vue de l'esprit : & même si la personne que vous aimez, a l'esprit bien fait, si elle ne manque pas de mérite, elle vous permettra de connoître le détail de toutes ses actions, persuadée que vous excuserez facilement quelques-uns de ses défauts.

Mais s'il y a des tendresses déguisées, il y en a de sinceres. Quelquefois une jeune beauté s'abandonne à l'ardeur de ses feux, elle reçoit dans ses bras son tendre amant, elle le serre sur son sein, elle le baise amoureusement en pressant ses levres contre les siennes; les deux amants se livrent aux plus délicieuses caresses de l'amour, & s'empressent à satisfaire leurs desirs: c'est cet empressement qui porte les femelles des oiseaux, celles de tous les animaux sauvages & domestiques à se rendre aux desirs des mâles de leur espece; une ardeur mutuelle les y invite, & la nature seconde leur doux penchant.

Mais il arrive souvent que le plaisir qu'on a partagé, est suivi d'une douleur mutuelle. On voit les chiens dans les carrefours faire tous leurs efforts pour se séparer, & n'en pouvoir venir à bout, tant les liens de leur amour ont de force & d'union: c'est l'effet du plaisir réciproque auquel ils se sont abandonnés, & qui ayant trompé leur ardeur, les tient unis plus qu'ils ne le desireroient.

Si lors de l'union de l'homme & de la femme, la matiere que fournit le premier est la plus abondante; les enfants qui en sont produits, ressembleront davantage au pere qu'à la mere; mais si au contraire la matiere fournie par la femme est la plus abondante, si la qualité de sa liqueur séminale domine, ils ressembleront plus à la mere qu'au pere. Mais si l'enfant tient de la ressemblance de l'un & de l'autre, c'est qu'alors le mélange des deux liqueurs séminales se sera fait dans une proportion égale, & que dans l'acte de la génération, il y aura eu de part & d'autre une tendresse égale & réciproque. Les enfants peuvent encore ressembler à leurs aïeux, à leurs ancêtres, parce que leurs pere & mere peuvent contenir dans les principes de leur assemblage, nombre d'éléments disposés de la même maniere qu'ils l'étoient chez ceux de qui ils ont reçu le jour : de sorte que ces éléments ou principes constituants peuvent se transmettre de pere en fils. Ainsi la nature par des moyens différents produit des formes & des figures différentes, & nous donne quelquefois les traits, les gestes, la voix & les cheveux de ceux de qui nous descendons ; car les principes qui forment ces choses, ne sont pas moins constants & déterminés que ceux qui servent à la formation du corps & de toutes ses parties. La matiere de la réproduction est commune à tous les individus dans chaque espece: l'enfant qui vient au monde, est formé de la double liqueur séminale des pere & mere; mais il ressemble davantage à celui des deux qui en a fourni le plus abondamment, soit qu'il soit fille ou garçon.

Bien des personnes s'imaginent que la stérilité est un effet de la puissance des Dieux, elles se persuadent qu'ils empêchent qu'elles n'aient des enfants qui les appellent du doux nom de pere. Dans cette inquiétude, ils rougissent les autels du sang des victimes, ils les chargent de présents par l'espérance de se voir un jour renaître dans une nombreuse postérité; mais c'est en vain qu'ils se plaignent du destin & qu'ils importunent les Dieux; la stérilité n'est qu'un effet naturel, qui ne provient que d'un vice dans les organes ou dans la matiere de la génération; car si cette matiere est ou trop épaisse, ou trop fluide, ou trop déliée, elle ne peut produire son effet: une matiere trop déliée ne peut se fixer dans les lieux qui lui sont destinés; à peine y est-elle lancée, qu'elle s'écoule & se répand au dehors ; celle qui est trop épaisse, au contraire, ne peut pas s'élancer aussi avant qu'il le faudroit, soit qu'elle ne puisse atteindre les lieux qui lui sont destinés, soit qu'y étant parvenue, elle ne puisse s'unir avec la liqueur séminale de la femme, car la génération ne se fait pas sans un certain rapport, une certaine harmonie entre ceux qui goûtent les plaisirs de l'amour. Certains hommes conviennent mieux à certaines femmes, on a vu des femmes stériles avec leur premier mari, ne l'être pas avec un second, & se dédommager par une nombreuse postérité des inquiétudes qu'elles avoient eu d'abord : on a vu aussi des hommes qui, n'ayant pu avoir des enfants avec leurs premieres femmes, en ont ensuite trouvé de plus convenables à leur tempérament, qui leur ont donné des enfants pour le soutien de leur vieillesse.

Il importe donc beaucoup pour la génération que les tempéraments se conviennent, afin que dans le mélange qui se fait des liqueurs séminales, celle qui est plus fluide, puisse s'unir s'unir avec celle qui l'eſt moins. Il faut encore obſerver de faire un bon choix des aliments, car certaines nourritures contribuent beaucoup à la perfection du principe de la reproduction, & d'autres l'affoibliſſent & le corrompent. L'art contribue encore beaucoup dans les plaiſirs de l'amour à faciliter la conception : il eſt certain que les femmes conçoivent beaucoup plus facilement, lorſqu'elles prennent l'attitude des animaux, parce que dans cette poſition les lieux propres à la reproduction, peuvent recevoir avec beaucoup plus de facilité la liqueur féminale. Les mouvements laſcifs & efféminés ſont inutiles à l'acte de la génération ; rien même n'y nuit davantage, que lorſqu'une femme excitée par l'ardeur impatiente de ſes deſirs, s'abandonne à trop de volupté ; alors elle rend inutiles les efforts de ſon mari, elle l'arrête dans le moment où il veut ſeconder la nature, elle empêche le but de l'union des deux liqueurs féminales. C'eſt par cette raiſon que les courtiſannes mettent en uſage les mouvements les plus laſcifs, afin d'éviter de devenir groſſes & de

Tome II. D

donner plus de plaiſir à leurs amants; mais une femme ſage & raiſonnable ne connoît point ces rafinements de la volupté.

Ce n'eſt point par la volonté des Dieux ni de la mere des amours, qu'une femme laide ou difforme parvient quelquefois à ſe faire aimer; mais ſi elle a des manieres douces & prévenantes, des graces naturelles, une parure ſimple & élégante, un eſprit aimable, elle peut aiſément décider un homme à paſſer ſes jours avec elle. La perſévérance n'eſt jamais ſans ſuccès; quelque foibles que ſoient les premiers coups, s'ils ſont continuellement répétés, ils feront effet à la longue : ne voyons-nous pas que l'eau qui tombe goutte à goutte ſur un rocher, le cave inſenſiblement & le détruit à la fin.

Fin du quatrieme Livre.

TRADUCTION LIBRE DE LUCRECE.

LIVRE CINQUIEME.

Où trouverai-je des expressions qui répondent à la beauté de ces sublimes découvertes ? Pourrai-je me flatter d'écrire d'une maniere convenable à la grandeur de ce sujet, & de trouver des éloges dignes de ce fameux sage qui nous a communiqué ses savantes & laborieuses spéculations ? Son éloge, si je ne me trompe, me paroît au-dessus de tout être mortel, car s'il faut dire ce que je pense & ce qu'exige la vérité, je ne balance point à croire que ce grand homme fut un Dieu. Oui sans doute, Memnius, ce fut un Dieu que celui qui nous enseigna le premier le chemin de la sagesse, qui nous donna ces excellents préceptes auxquels les hommes ont depuis donné le nom de Philosophie, & qui faisant cesser le trouble & les inquiétudes d'une vie malheureuse apprête aux mortels à vivre heureux & tranquilles.

Comparez les découvertes des premiers bienfaiteurs de l'humanité à celles de ce Sage & sans balancer vous conviendrez que si l'on est redevable à Cérès de la découverte des moissons; à Bacchus, de celle des vignobles; ces découvertes ne sont pas absolument nécessaires à la vie, puisqu'on prétend qu'il y a encore aujourd'hui des nations qui n'en font aucun usage, mais nul homme ne peut être heureux sans le parfait contentement de l'esprit, sans être dégagé de mille craintes chimériques & ridicules, & ce grand homme mérite d'autant plus d'être regardé comme un Dieu, qu'en nous enseignant la sagesse, il nous a indiqué le premier la route des vrais plaisirs, & nous a ainsi enseigné les moyens d'une vie douce & paisible.

On se tromperoit beaucoup si l'on préféroit les travaux d'Hercule à ces sublimes découvertes ; qu'aurions-nous à craindre aujourd'hui de l'horrible sanglier, si redouté autrefois dans les montagnes de l'Arcadie, du lion terrible de Némée, du fameux taureau de Crete, de l'Hydre à tête renaissante armée d'horribles serpents; du monstre Geryon, redoutable par la force de ses trois corps ; des chevaux de Diomede dont les narines enflammées répandoient la terreur dans le voisinage du mont Ismare & dans le pays des Bistoniens; qui craindroit aujourd'hui les oiseaux funestes de l'Arcadie, autrefois la frayeur des marais Stymphalides; le fier serpent, gardien des Hespérides qui des vastes replis de son corps s'entortilloit au pied de l'arbre précieux qui portoit les pommes d'or ? seroit-ce les bords de la mer Atlantique, ou l'Océan qui seroient à redouter, ces mers qu'aucun de nos concitoyens n'ont jamais traversé, & dont même aucun barbare n'ose approcher ?

Supposé que tous les monstres de cette nature dont Hercule a purgé la terre dans les siecles passés, n'eussent point été exterminés, qu'auroient-ils de redoutable pour nous aujourd'hui? Les bois, les forêts, les montagnes ne sont-ils pas encore peuplés en grande partie d'animaux féroces & nuisibles, & n'est-il pas toujours aisé d'échapper à leur fureur? Mais si l'esprit n'est absolument dégagé de préjugés, on ne peut être heureux; quels combats alors n'éprouve-t-on pas dans son ame? A combien de vives allarmes n'est-on pas exposé? Que de craintes ridicules assiegent l'esprit? Quels maux ne causent pas l'orgueil, la vanité, la colere, l'intempérance & toutes les autres passions? Celui donc qui apprit le premier aux hommes l'art heureux de dompter ces passions funestes, de les déraciner de leur cœur, non par la force, mais par la sagesse de ses conseils, est si supérieur à tous les autres hommes qu'il mérite assurément d'être mis au nombre des Dieux. Notre reconnoissance doit lui dresser des temples & des autels avec d'autant plus de justice que même il a toujours parlé des Dieux avec beaucoup de respect & de vénération, &

qu'il est le premier qui nous ait fait connoître la nature, qui nous ait développé ses mysteres & ses opérations les plus cachées.

Puisque j'ai commencé cet ouvrage sur les traces de cet homme immortel, je vais continuer à développer sa doctrine; je ferai voir comment toutes les choses sont sorties du sein de la nature, quel est le temps destiné à leur conservation, comment elles ne peuvent enfreindre les loix éternelles & immuables de leur durée.

Pour continuer de traiter cette matiere avec ordre, il faut vous faire voir d'abord que ce monde n'est point éternel, qu'il a été produit, que sa destruction est inévitable ; que c'est le concours des éléments de la matiere qui a formé la terre, la mer, le ciel, le soleil & tous les astres. Je ferai voir ensuite comment tout ce qui vit, respire ou végete, est sorti du sein de la terre ; comment elle s'est peuplée d'une multitude d'especes d'animaux qui n'y étoient pas auparavant ; par quel moyen la société s'est formée, les différentes langues se sont établies. Je vous apprendrai comment la crainte des Dieux s'est emparé de l'esprit des mortels, comment ils ont toujours religieusement conservé la sainteté de leurs temples, les bois, les lacs, les autels qu'ils leur ont consacrés, aussi-bien que leurs simulacres.

Je vous expliquerai aussi la cause du mouvement réglé du soleil & de la lune, comment la nature emploie sa puissance pour diriger leurs cours. Ne vous imaginez pas, mon cher Memnius, que ces astres qui parcourent des orbes immenses entre le ciel & la terre, & répandent leurs douces influences sur les plantes & les animaux, soient abandonnés à leur propre conduite; ni que les Dieux s'employent pour l'ordre & la conservation de leurs mouvements. Ceux qui sont convaincus que les Dieux jouissent dans le ciel d'une tranquillité parfaite, & qui se laissent éblouir à la vue du spectacle de la nature, de ses diverses productions, & particuliérement de celle qu'étale à nos yeux la voute azurée du ciel, retombent de nouveau dans l'esclavage de la religion, ils se donnent pour maîtres des tyrans impérieux que leur foiblesse & leur ignorance leur fait regarder comme tout-puissants, ils ne conçoivent pas jusqu'où peut s'étendre le pouvoir de la nature dans la production ou dans la destruction des différentes choses. Ils ignorent que tout l'univers est assujetti à des loix & à des bornes qu'il ne sauroit passer ni enfreindre. Jettez premierement la vue sur la vaste étendue du ciel, de la mer & de la terre. Un jour arrivera que ces corps, si différents par leur nature, par leur forme, seront détruits ; & que leur énorme masse, après s'être soutenue pendant des milliers de siecles, se détruira nécessairement.

Je n'ignore pas la difficulté qu'il y a de prouver la destruction du ciel & de la terre, combien cette opinion doit paroître extraordinaire, je suis persuadé qu'on la recevra comme une nouvelle étonnante, qui d'abord ne paroît pas croyable, parce qu'elle n'est point sensible ni au toucher, ni à la vue, & qu'il n'y a que ce qui affecte immédiatement nos sens qui nous persuade; je ne laisserai pas cependant que de traiter cette matiere, puissiez-vous n'être pas forcé par l'arrivée de ce terrible événement, d'ajouter foi à mes discours; vous verriez alors la terre ébranlée jusques dans ses fondements entraîner la ruine entiere du reste du monde, veuille la fortune éloigner de nos jours ce terrible événement, & que la raison, bien plus que l'expérience, vous persuade de la nécessité de ce fatal événement.

Les oracles que je vous annonce sont plus sûrs que ceux que rendoit la Pythie, lorsqu'elle étoit animée par le laurier & le trépied d'Apollon; mais je veux, avant tout, que mes conseils vous rassurent contre les craintes de la religion, & que vous ne croyez pas que le ciel & les astres qu'il renferme, soient d'une nature divine & immortelle. Je ne veux pas que vous pensiez que les Dieux puniront des mêmes foudres, dont on dit qu'ils se servirent autrefois contre les Géants, ceux qui ont le courage de soutenir que la destruction du monde est inévitable, que l'éclatante lumiere du soleil sera détruite; & qui assurent que ces prétendus êtres immortels feront foumis à la deſtruction. En effet, comment ces corps participeroient-ils de la divinité, & mériteroient-ils des honneurs immortels, puiſqu'ils donnent des marques certaines qu'ils font entiérement privés de vie, qu'ils font incapables de recevoir aucune ſenſation, & qu'ils n'ont ni eſprit ni intelligence? car il eſt certain que la nature de l'eſprit & de l'entendement ne s'allie point indifféremment avec toutes ſortes de corps : les arbres ne croiſſent pas dans l'eſpace des airs, les végétaux ne contiennent pas de ſang, les rochers n'ont point de ſeve, les poiſſons n'habitent point les champs, tout eſt conſtant & réglé dans la nature. L'ame eſt unie au corps, elle en eſt dépendante, elle naît & périt avec lui, elle eſt attachée aux nerfs, au ſang, aux os & à toutes les parties du corps; & elle ne peut s'en ſéparer qu'elle ne périſſe totalement : le corps a par ſa nature un lieu fixe & déterminé où l'ame & l'eſprit croiſſent & ſe développent. Il n'eſt donc pas raiſonnable de ſoutenir que l'ame puiſſe ſubſiſter dans ſon entier après la deſtruction du corps, & de la renfermer dans des mottes de terre, dans les feux du foleil, ou dans la fimple nature de l'air ou de l'eau, toutes chofes abfolument incapables de la contenir, & qui étant abfolument privées de vie & de fentiment, ne peuvent jouir d'une nature divine & immortelle. On ne fauroit de même fixer le féjour des Dieux dans aucune des parties de ce monde; leur nature est fi éloignée de la nôtre, que l'efprit peut à peine s'en former la plus légere idée : une fubftance divine n'étant point fujette à l'attouchement, ne peut être faifie par aucun point; il ne peut y avoir de rapport entre la matiere & une telle fubftance, par la raifon que ce qui ne peut recevoir de fenfation, n'en peut donner; que ce qui ne peut toucher, ne peut être touché. Vous verrez dans la fuite de cet ouvrage que la demeure des Dieux doit être conforme à leur nature, & que celui d'un bonheur éternel ne peut être celui où la nature nous a placé.

L'orgueilleufe préfomption des hommes les porte à croire que les différentes beautés de la nature font un présent des Dieux, que ce travail admirable exige nos hommages, & qu'on doit se persuader qu'il sera immortel. Ils croient que toutes les choses ont été créées dès le commencement pour leur utilité & leur usage : ils disent qu'il y a de l'impiété à borner les décrets immuables des Dieux; que la providence ayant arrangé la place de chaque chose pour l'éternité, on ne doit pas la changer. Cette pieuse délicatesse fait passer pour criminelles les idées qu'on peut se former de la destruction de ce monde; mais en vérité toutes ces objections sont bien dénuées de raison & prouvent bien la foiblesse de notre jugement. Les Dieux ne sont-ils pas au-dessus de nos hommages? les mortels peuvent-ils contribuer à leur grandeur? Des êtres immortels ne veillent par sur nos plaisirs, ils ne sont pas chargés du détail de la nature. Dans un repos éternel, qui auroit pu leur inspirer tout-à-coup une vie active, si différente de la première; la nouveauté ne plait qu'à ceux qui peuvent prendre du dégoût pour les choses anciennes; mais des êtres immortels n'ayant point à craindre une triste vieillesse, la vie qu'ils mênent étant conforme à leur nature, comment auroient-ils pu se laisser surprendre aux charmes de la nouveauté ? Les Dieux vivoient-ils dans l'horreur des ténèbres ? une sombre tristesse les accabloit-elle de ses noires vapeurs, pour que l'éclat des productions nouvelles pût les rendre sensibles, pour qu'ils pussent se laisser entraîner par les attraits de la nouveauté ? Quel malheur y auroit-il eu que nous ne fussions nés ? Ce sont les agréments de la vie qui la rendent supportable, & l'être qui est dans le néant, peut-il regretter la lumiere & les plaisirs qu'il ne connoît pas ?

Où les Dieux, d'ailleurs, auroient-ils pris l'idée & le plan de la construction de l'univers ? car pour la formation de tant d'ouvrages différents, il a fallu qu'ils y pensassent, qu'ils y réfléchissent. Comment auroient-ils connù la force des principes, la puissance de leurs mouvements, de leurs dispositions, s'ils n'avoient puisé dans la nature même la matiere & le moule nécessaires pour la production de tant de choses différentes ? Il est certain que depuis des siecles infinis la matiere premiere s'étant heurtée dans tous les sens, elle s'est jointe de mille manieres différentes; elle a essayé toutes les formes possibles, tant qu'à la fin ayant trouvé celles qui lui convenoient, elle a dû s'y maintenir : c'est ainsi que se sont formés tous les mondes & toutes les choses de cet univers.

Quand la puissance de la matiere ne me seroit pas connue, je n'en serois pas moins décidé à croire que la nature n'est point l'ouvrage des Dieux; tout m'atteste cette vérité, le ciel même m'en fournit la preuve : c'est sur cette vaste étendue que s'élevent des vents orageux qui excitent des tempêtes; descendons-nous sur la terre, de longues chaînes de montagnes, de hautes forêts, des rochers inaccessibles & escarpés, des marais impraticables & fangeux, en couvrent une partie. La mer borne des terres inconnues; le froid piquant du nord, la chaleur brûlante de l'Équateur rendent ces climats presqu'inhabitables. Partout, sans les soins de l'homme, la terre n'offriroit que des chardons

& des ronces ; c'est à force de culture qu'il a surmonté un terrein ingrat ; c'est pour soutenir sa vie, qu'il la passe comme un esclave dans le travail ; c'est au soc de la charue & à la sueur de son front qu'il doit l'abondance & la fertilité des moissons ; sans ses soins infatigables il attendroit en vain les bienfaits de cette mere commune : encore arrive-t-il qu'il est trompé dans ses espérances. La nature ne répond pas toujours à ses travaux ; tant de peines, tant de sueurs deviennent quelquefois inutiles : le soleil brûle ses productions naissantes ; la grêle ou l'orage les fait périr, ou l'haleine furieuse des vents les renverse.

Pourquoi, d'ailleurs, la nature fait-elle naître, entretient-elle tant d'especes d'animaux féroces & nuisibles ? d'où vient qu'elle ne renouvelle les différentes saisons de l'année, qu'avec les mêmes maladies ? pourquoi permet-elle que la mort tranche nos jours avant le terme prescrit ? De quelle maniere l'enfant entre-t-il sur la scene du monde ? ne diroit-on pas que c'est un malheureux matelot que la mer a jetté sur le rivage, après l'avoir fait le jouet de ses fureurs ; il ne sort du sein de sa mere, que pour ressentir les peines de la vie ; nud, par terre il remplit de ses cris le lieu de sa naissance, comme s'il craignoit déja les malheurs qui l'attendent dans le cours de sa vie. Les animaux au contraire ont été bien mieux traités de la nature, ils se développent insensiblement ; il n'est pas besoin qu'une tendre nourrice soulage leurs maux, qu'on égaie leur enfance par des jeux & de douces paroles : les climats différents, les saisons diverses ne les obligent pas à des habillements incommodes ; & comme la terre fait éclorre de son sein tout ce qui leur est nécessaire, que l'intérêt & l'ambition ne les divisent pas, ils n'ont point imaginé des armes pour se défendre ; n'ayant rien en propre, ils n'ont pas besoin de villes, de tours & de murailles pour se garder.

La terre, l'eau, le feu, l'air qui semblent être les éléments de cet univers, sont d'une nature périssable, le monde par conséquent doit être aussi assujetti à la destruction, car les parties d'un tout ayant été formées par l'union & la rencontre de la matiere premiere, & leur forme étant périssable, le tout qui est composé de ces parties doit être comme elle assujetti aux mêmes loix de la destruction, & puisqu'il paroît sensiblement que toutes les vastes parties du monde se détruisent & se réparent successivement ; il est raisonnable de conclure que puisqu'il y a eu un temps pour la production & la naissance de l'univers, il y aura aussi un temps pour sa destruction & sa dissolution.

Ne croyez pas, mon cher Memmius, que cette opinion soit sans fondement, ce n'est pas sans raison que j'ai avancé que la terre, le feu, l'eau, l'air sont d'une nature périssable, que ces choses avoient eu un commencement, & qu'elles auroient une fin. Le soleil par son ardeur brûlante consume une partie de la terre, la terre battue par les vents, & foulée par les pieds des animaux, détache de sa surface des tourbillons de poussiere qui sont emportés dans l'espace des airs, les pluies augmentent l'impétuosité des torrents ; tout ce qui sert au développement, à l'augmentation d'une chose, perd autant de sa substance qu'il en donne, & comme la terre semble être la mere de tous les êtres, qu'elle tire de son sein la matiere de leur accroissement, elle en est aussi à son tour réparée dans leur dissolution, tous les êtres viennent s'y rejoindre comme à un tombeau commun. La mer, les fleuves, les torrents, les fontaines sont continuellement réparées par des eaux nouvelles, leur cours qui n'est jamais interrompu en est la preuve, mais la nature emploie différents moyens pour empêcher que l'océan ne sorte de ses bornes, qu'il n'engloutisse la terre; les vents, le soleil en attirent une partie, une autre se philtre au travers des terres, y dépose son âcreté & forme une eau douce, claire & limpide.

Parlons à présent des changements innombrables qui arrivent dans l'air à chaque instant par la quantité de matiere qui se détache continuellement des corps, & qui se portent dans toute son étendue; de sorte que si l'air ne réparoit à son tour cette émanation des corps, il y a déja long-temps que tous les êtres auroient été transformés dans sa propre substance, l'air par conséquent est renouvellé par la même chose qu'il renouvelle, l'expérience nous convainc qu'il n'est rien qui ne perde à chaque instant une certaine quantité de matiere ; le soleil même, cette source intarissable de lumiere, qui remplit sans cesse l'univers de nouveaux feux, qui darde ses rayons continuellement, & dont les nues nous dérobent quelquefois la présence, parce que leur épaisseur forme comme un voile entre cet astre & nous ; le soleil, dis-je, s'il ne trouvoit en lui-même à réparer la quantité de matiere qu'il fournit à chaque instant, perdroit bientôt tout son éclat. C'est ainsi que ces lampes funebres suspendues aux voûtes, & dont il s'échappe sans cesse des étincelles de feu, trouvent toujours en elles-mêmes de quoi réparer leur perte. La matiere grasse & terrestre qui les compose fournit l'aliment de leur clarté & leur réparation est toujours si prompte qu'elle prévient leur dissolution ; il en est de même de la lumiere du soleil, de la lune, des étoiles ; les premiers traits qu'ils envoient ne sont pas sensibles, ils ne le deviennent que parce qu'ils sont continuellement suivis d'une multitude d'autres, de sorte qu'il ne faut pas douter que ces choses ne soient très-sujettes à l'altération, & que par conséquent elles ne peuvent être éternelles.

Le temps qui détruit tout, consume les pierres les plus dures, les marbres, le bronze, les tours les plus solides : les temples des Dieux, leurs images n'évitent point son pouvoir. Le destin même, cette divinité respectée ne peut étendre le cours de nos jours. En vain il voudroit s'opposer aux décrets immuables que la nature a fixé pour la durée des êtres. Les tombeaux des héros ne sont plus connus que par leurs débris, les rochers se détachent des montagnes, ils cedent au terme prescrit à leur dissolution; s'ils étoient formés pour l'éternité, ils ne se détacheroient point de leur masse, & souffriroient sans aucune altération les coups inévitables du temps.

Jettez enfin les yeux sur toute la nature, considérez tout ce qui vous environne, regardez tout ce qui est au dessus de vous, voyez ce que la terre renferme dans sa vaste étendue, tout ce qu'elle produit, tout ce qu'elle reçoit à la diffolution des êtres, & vous ne douterez pas que ce monde ne foit un affemblage périffable, car tout ce qui fert à l'augmentation & au développement d'une chofe doit s'épuifer, & n'eft réparé que par de nouvelles productions.

D'ailleurs fi le ciel & la terre n'ont point été produits, fi leur nature eft immortelle, d'où vient que la guerre de Thebes & la ruine de Troye font les premiers exploits que les Poëtes aient chanté ? Pourquoi tant de belles actions, qui ont dû précéder ces guerres célebres, n'ont-elles pas fait le fujet de leur poéfie ? il faut donc que la création des chofes ne foit point éloignée, que la naiffance de ce monde ne foit point ancienne ? Pourquoi voit-on tous les jours des arts qui fe perfectionnent & qui s'étendent par de nouvelles recherches ? Que de progrès n'a-t-on pas fait dans toutes les fciences ? L'on eft parvenu à pénétrer la nature, à connoître fes myfteres & fes opérations les plus cachées.

Si cependant vous perfiftiez à croire que toutes les chofes ont été dans les temps antérieurs, comme elles font à préfent, que le feu a pu faire périr les monuments anciens, que les villes ont été englouties par de violentes fecouffes de tremblement de terre, que des pluies continuelles jointes à l'ardeur des flammes ont englouti les demeures de fes anciens habitants; vous me fourniriez un moyen invincible de de vous prouver que la terre & le foleil périront; car il eft certain qu'un corps pouvant recevoir de telles atteintes, fouffriroit une entiere défunion, fi un choc plus violent venoit à féparer fes parties. Qu'eft-ce qui prouve davantage la néceffité de mourir, que le retour des mêmes maladies dont la nature s'eft déja fervi pour ôter la vie à nos femblables.

Il n'eft rien d'éternel que ce qui eft parfaitement folide, que ce qui fouffre le choc d'un autre corps fans en être altéré ni pénétré, que ce qui n'admet aucune divifion dans la texture de fes parties; telle eft la matiere premiere, telle eft encore le vuide qui ne craint ni les impulfions, ni les attaques, & qui renfermant toutes les chofes & les comprenant toutes, eft éternel &

ne sauroit se dissoudre, puisqu'il n'y auroit rien au dehors qui pût recevoir les débris de sa dissolution, mais j'ai montré que l'impénétrabilité n'est point le propre de la nature du monde; qu'il y a du vuide dans l'union de ses parties, puisqu'il y a des corps qui se détachant de sa masse, peuvent se heurter avec violence, & faire craindre la ruine de son assemblage, que d'ailleurs sa vaste & profonde étendue est suffisante pour recevoir ses débris & ses ruines; le ciel, le soleil, la terre, la mer ne sont donc pas exempts des traits de la dissolution, au contraire, l'espace en leur ouvrant son immense abîme, est toujours prêt à les engloutir, de sorte qu'il faut avouer que ces choses ont été produites, & qu'étant périssables elles n'ont pu résister depuis tant de siecles aux coups de la dissolution.

Si les principales masses de l'univers peuvent se heurter, se choquer entre elles d'une maniere aussi violente; peut-on ne pas croire que quelque jour verra la fin d'une guerre aussi opiniâtre, soit que le soleil dominant à cette dissolution, attire & puise toute l'humidité l'humidité de la terre ; soit que les fleuves grossis par de nouvelles eaux, se débordent & inondent toute sa surface : ils l'ont inutilement tenté jusqu'à présent, parce que les vents en frappant les ondes, en enlevent une partie, & que le soleil en attire une autre par la force de ses rayons ; car toutes ces causes agissent avec des puissances égales, & se disputent à l'envi l'avantage de cette fameuse dissolution. Peu s'en est fallu qu'autrefois la terre n'ait été embrasée & consumée par le feu, & qu'un déluge universel n'ait, à ce qu'on dit, submergé & englouti toute la terre ; mais le feu fut victorieux, lorsque Phaëton cédant à l'ardeur des chevaux du soleil, fut emporté dans les voûtes incertaines de l'espace, & embrasa tout ce qui se rencontra sur son passage. Le Maître des Dieux irrité précipita d'un coup de foudre sur la terre ce jeune téméraire : le soleil reprit pour toujours le flambeau du monde ; il ramena ses chevaux dispersés, les attela à son char encore tous effrayés, & reprenant sa route ordinaire il ranima toute la nature par sa présence.

Tome II. E

C'est ce que les Poëtes ont anciennement chanté dans leurs vers, & c'est en quoi ils se sont trompés; car le feu n'a de puissance que lorsque la matiere qui le compose & qui est répandue dans l'espace, est réunie : alors il arrive, ou que son action est détruite par les obstacles qu'il rencontre, ou que la masse universelle des choses cédant à sa flamme brûlante, court à sa destruction. L'eau de même, à ce qu'on prétend, l'emporta autrefois à son tour, lorsque les fleuves sortant de leurs lits inonderent & submergerent beaucoup de villes & de terres ; mais de quelque maniere que leurs eaux se soient retirées dans l'espace, il n'est pas moins constant que les pluies s'arrêterent, que les fleuves perdirent de leur impétuosité & furent contenus dans leurs lits.

Je vais maintenant vous expliquer, ô Memnius ! comment le concours de la matiere a pu former le ciel, la terre, la mer & tout ce que nous voyons : il est certain que les éléments n'ont point été réunis par une cause intelligente, ils n'ont pas consulté sur leurs mouvements, sur leurs directions. Mais toute la matiere première parcourant depuis des siecles innombrables, la vaste étendue de l'espace a dû se heurter, se rencontrer de mille manieres, & former différentes sortes de combinaisons & d'assemblages. Il est donc vrai que les éléments de la matiere qui étoient répandus dans l'espace, ayant essayé toutes sortes de mouvements & de liaisons, se sont enfin réunis; ils ont formé des ébauches de différents corps, & cette premiere réunion, ce premier assemblage ont été les principes des choses, & ont servi à former ensuite le ciel, la terre, la mer & tous les animaux. Alors on ne voyoit point le char brillant du soleil parcourir les voûtes du ciel; les étoiles, la lune, la terre étoient à peine ébauchés, il n'existoit rien de ce qui existe aujourd'hui. Lorsque le monde sortit du cahos, ses premieres productions ne furent que des masses informes, les éléments semblables commencerent seulement à se réunir, l'univers parut sur les abîmes du vuide, les différentes parties qui le composent se séparerent, prirent un certain ordre & réunirent à

E ij

leurs masses, les différents éléments qui leur convenoient. Le mouvement, l'action, le concours, la pesanteur, la forme différente & variée des éléments de la matiere premiere, étoit d'abord un obstacle à la production des choses, mais lorsqu'ils eurent trouvé un ordre, une direction convenable ; le ciel se sépara de la terre, la mer fut contenue dans ses bornes, & les feux du ciel dégagés de toute matiere terrestre, éclairerent l'univers : les éléments qui formerent la terre, étant d'une nature plus pesante, plus compacte se fixerent au centre le plus bas ; les éléments au contraire qui formerent le soleil, les étoiles, la lune, & le vaste circuit du ciel s'éleverent au dessus du centre, car il n'est pas douteux que la matiere qui forme ces corps, est plus polie, plus ronde, plus déliée, plus petite que celle qui compose la terre ; de sorte que le ciel, les astres furent les premiers corps qui s'élancerent avec impétuosité du sein du cahos, & qui attirerent avec eux une grande quantité de matiere subtile ; tel on voit à-peu-près les brouillards, les vapeurs s'élever du fond des lacs, des rivieres; ou les exhalaifons fortir de la terre, lorfque la verdure des champs, couverte de la rofée du matin, reçoit les premieres impreffions de la lumiere éclatante du foleil.

Dès que ces premiers éléments eurent gagné les parties fupérieures, ils s'unirent, & preffés dans tous les fens par des vents orageux, ils ne compoferent qu'une même maffe, il s'en forma ces nuages épais qui nous dérobent la beauté du ciel dont la nature légere & fluide fe fortifia dans fon contour par l'union de fes parties; le ciel s'étendit de lui-même dans tous les fens, dans les abîmes infinis de l'efpace; de cette forte il fervit comme d'enceinte & de barriere au monde: la lune, le foleil fe formerent des élements qui ne furent pas employés à la conftruction du ciel & de la terre, car les éléments qui n'eurent pas affez de péfanteur pour fe fixer aux parties inférieures de la terre & qui ne furent pas affez légers pour gagner les parties fupérieures du ciel, s'éleverent, fe foutinrent dans les efpaces intermédiaires entre la terre & le ciel, & formerent ces globes qui font les maſſes principales de l'univers.

Cette premiere diviſion de la matiere étant faite; au même moment la terre s'entrouvrit pour former les campagnes du vaſte océan, elle en creuſa les abîmes immenſes & la chaleur du ciel, les rayons du ſoleil agiſſant en même-temps ſur ſa ſurface, la pénétrerent & en reſſerrerent les différentes parties. Les éléments les plus groſſiers furent obligés par l'excès de leur peſanteur, de ſe porter & de ſe réunir vers ſon centre ; la matiere la plus légere, la plus polie, forma les eaux de la mer, celles des fleuves, des rivieres, & la terre en ſe condenſant, fit ſortir de ſon ſein une grande quantité d'éléments d'air & de feu qui s'éleverent dans le ciel, & ſe réunirent pour en affermir les voûtes brillantes. Les champs alors s'abaiſſerent; les rochers, les montagnes éleverent leurs cimes juſques aux nues : c'eſt ainſi que la terre fut formée des éléments les plus groſſiers; les plus compactes de toute la matiere : ſa peſanteur la porta vers les parties les plus inférieures du monde où elle ſe fixa.

Par cette séparation des matieres les plus pesantes ; la mer, l'air, le ciel conserveront leur pureté, leur élasticité, leur éclat, & quoique de ces choses les unes soient beaucoup plus légeres que les autres, comme le ciel ; il ne conserve pas moins sa nature, porté & soutenu sur les plaines de l'air, on y voit se former les vents, les tempêtes, les orages, sans qu'il en soit troublé, sans qu'il en reçoive d'altération. Une force constante le retient dans la même situation, le même ordre ; c'est par les mêmes efforts qu'il perpétue ses feux, comme l'océan dont le balancement périodique est produit par la même cause, & subsiste depuis nombre de siecles.

Parlons actuellement du mouvement des astres. Pour que tout le ciel tournât sur lui-même, il faudroit que les poles qui le soutiennent, fussent pressés & comprimés par l'air qui l'environne des deux côtés ; il faudroit encore qu'un autre air en se répandant au-dessus, le fît mouvoir vers l'orient, & qu'un troisieme air en agissant au-dessous & en sens contraire, le soulevât & le mût vers l'occi-

E iv

dent : c'est ainsi que l'eau d'une riviere fait tourner à la fois des roues & enleve des seaux. Mais peut-être que le ciel est fixe, & qu'il n'y a de mobile que les astres qu'il renferme, & qui se meuvent, soit par l'impulsion des tourbillons rapides qui se forment de la matiere du ciel, & qui se voyant resserrés font effort de toutes parts pour s'échapper; soit par l'air qui venant du dehors, les met en mouvement; soit enfin que la matiere destinée à leur réparation les attire, ou qu'ils aient par eux-mêmes la puissance de se porter vers elle. Il est bien difficile de connoître les causes véritables de tous ces mouvements; je me borne à parler de ce qui se fait ou de ce qui se peut faire dans le nombre des mondes qu'enferme cet univers. J'assigne différentes causes aux mouvements des astres, quoique je sois persuadé qu'il n'y en a qu'une; mais il n'est pas aisé de la déterminer.

Pour que la terre soit stable & fixe au centre du monde, il faut que la pesanteur diminue peu-à-peu vers les parties inférieures, & qu'elle ait été soutenue dès le premier moment de sa naissance par un corps d'une nature différente de la sienne, qui lui soit inséparablement attaché avec le volume d'air qui l'environne & qui lui sert comme de base ; c'est la raison pourquoi la pesanteur n'est point à charge à cet air, elle ne le comprime pas & ne le presse point. C'est ainsi que l'homme n'est point incommodé du poids de ses membres ; le col supporte sans peine la tête, & les pieds le poids du corps, tandis que la plus légere impression qui nous vient du dehors très-souvent nous gêne, nous blesse : tant il est de conséquence quelles choses se joignent & s'unissent. La terre n'est donc point une production incertaine, qui ait été apportée dans le lieu où elle est située, qui soit venue d'ailleurs pour s'unir à un air qui ne lui étoit point propre ; mais dès la premiere naissance du monde elle a été produite avec l'air qui l'environne, comme les membres avec le corps : cela est si vrai que la terre étant ébranlée tout-à-coup par le bruit impétueux du tonnerre, communique sa secousse & son mouvement à tout ce qui est au-dessus d'elle ; ce qui n'arriveroit pas si elle n'étoit comprise & renfermée tout-à-l'entour par le ciel, par l'air, & s'ils n'avoient eu des liens communs dès le premier instant de leur naissance. Ne voyons-nous pas que l'ame, quoique d'une nature très-déliée, commande & gouverne le corps à son gré, parce qu'elle lui est unie & attachée très-étroitement ? n'est-ce pas à sa puissance que le corps doit la faculté qu'il a de courir, de s'élever de terre, de sauter & de faire toutes sortes d'exercices ? L'expérience vous fait donc connoître ce que peut un corps délié, uni à un corps pesant, comme l'air à la terre, ou l'ame au corps.

La grandeur & la chaleur du soleil ne sont ni moindres ni plus grandes que ce qu'elles nous paroissent, car de quelque distance que nous vienne la lumiere, dès qu'elle ne perd rien de son éclat dans l'espace qu'elle traverse, il faut que sa grandeur soit telle qu'elle nous paroit sur la terre, sans qu'on puisse y rien ajouter ni diminuer. De même la lune, soit qu'elle nous éclaire d'une lumiere empruntée ou de sa propre lumiere, n'est pas plus grande que nos yeux ne nous la représentent; car si l'on fixe de loin un objet éloigné, il ne paroît d'abord que confusément; on ne distingue point son contour, ses extrêmités. Mais puisque la lune nous laisse voir sa lumiere dans tout son éclat, que nous distinguons sa figure, que nous pouvons juger de sa circonférence, il faut donc que sa grandeur soit telle que nous la voyons. Il en est de même des feux qu'on apperçoit d'ici-bas dans le ciel; ils ne peuvent être ni plus grands, ni plus petits qu'ils ne nous paroissent, comme ceux que nous découvrons sur la terre, & qui quoique éloignés nous laissent appercevoir leur lumiere & leur flamme qui vacillent de côté & d'autre.

On ne doit pas être étonné que le soleil n'étant pas plus grand qu'il ne nous paroît, puisse fournir à l'énorme quantité de lumiere qui remplit les mers, les terres, toute la vaste étendue des cieux, & que toute la nature se ressente de sa chaleur. Car comme cet astre renferme en lui-même la matiere inépuisable des feux dont il éclaire le monde, qu'il en est continuellement réparé par le retour des rayons qui viennent fe rejoindre à lui comme à leur centre, il ne peut s'épuifer & malgré la petiteffe de fon difque, il peut fuffire à la quantité de lumiere dont il pare l'univers; tel un petit ruiffeau qui d'abord ne coule que parmi les prairies étant augmenté dans fon cours, inonde enfuite de vaftes campagnes. Il fe pourroit d'ailleurs faire que le foleil, quoique d'un foyer très-petit, pût éclairer & échauffer l'univers, fi l'air étoit de nature à s'enflammer aifément & à étendre de proche en proche la lumiere qu'il reçoit; ainfi qu'on voit quelquefois la plus petite étincelle confumer les moiffons dans les campagnes, & la flamme & la fumée s'élever tout à l'entour; peut-être encore que le foleil placé dans les régions fupérieures du ciel, renferme au dedans de lui une grande quantité de matiere ignée, qui communiquant fa chaleur aux rayons, fait naître les ardeurs brûlantes de l'été.

On ne fait pas précifément la raifon pourquoi le foleil dirige fa courfe de la zone torride à la zone glacée, & comment en revenant fur fes pas il paffe du figne du Cancer au figne du

Capricorne; on ne conçoit pas non plus comment la lune parcourt en un mois l'espace que le soleil est un an à parcourir. Peut-être y a-t-il plusieurs causes de ces mouvements, peut-être aussi, comme Démocrite l'a pensé, que plus les astres sont près de la terre, moins ils sont soumis à l'action du tourbillon qui entraîne & fait tourner tout le ciel, parce que dans un tourbillon la rapidité des mouvements n'est pas la même; qu'elle diminue vers sa circonférence; de sorte que le soleil étant placé dans la partie inférieure, & plus bas que les étoiles il ne peut égaler leur vîtesse.

La lune est encore plus près de la terre que le soleil, & plus son orbite s'éloigne du ciel & s'approche de nous; moins alors son mouvement approche de la rapidité de celui des autres astres, & parce que le tourbillon qui l'entraîne dans le ciel est moins rapide & moins impétueux que celui qui fait tourner le soleil; les autres étoiles ont d'autant plus de facilité pour l'atteindre & devancer sa course, de sorte que par là elle paroît revenir plus promptement aux mêmes points du ciel, quoique dans le vrai, ce soient les étoiles, qui dans la rapidité du mouvement des cieux, reviennent vers elle; il se peut aussi que par le concours différent de deux volumes d'air qui traversent les parties du monde alternativement, il y en ait un qui dans un temps marqué, agit & repousse le soleil du solstice d'été au solstice d'hiver, & qu'un autre tourbillon d'air agissant en sens contraire, le ramene ensuite des poles glacés aux climats brûlants de l'Equateur. La lune ainsi que les autres astres qui parcourent leurs orbes immenses dans l'espace des airs, pourroit aussi obéir à l'impulsion alternative & opposée des deux airs; & en effet ne voyons-nous pas que les nues poussées par des vents contraires, sont emportées dans les différentes parties du ciel? pourquoi donc ne croirions-nous pas que d'immenses tourbillons d'air soient suffisants pour entraîner le soleil, les astres, & les forcer à fournir leur immense carriere.

La nuit répand ses sombres voiles sur la terre, soit lorsque le soleil après avoir parcouru son orbe immense, se porte aux extrêmités du ciel, & qu'épuisé par la longueur de son cours & par l'action de l'air sur ses rayons, il ne répand plus qu'une lumiere incertaine & languissante ; soit parce que la même force qui l'entraîne sur les parties supérieures du ciel, le contraint de diriger ensuite son cours sous la terre. Mais lorsque la jeune épouse du vieux Titon ouvre tous les matins avec ses doigts de roses les portes de l'orient, l'éclat de l'aurore frappe alors les mortels, & leur annonce le jour qui va suivre, soit que le soleil envoie de l'autre hémisphere quelques rayons, comme l'avant-coureur de son arrivée ; soit que la matiere du feu soit contrainte de se réunir dans un temps marqué & de former ainsi tous les jours un nouveau globe de lumiere : c'est ce qu'on prétend voir sur la cime du mont Ida, lorsque le soleil paroît à l'orient ; on voit se lever tout-à-l'entour des feux épars qui se réunissant insensiblement, forment un globe qu'on apperçoit distinctement. Ce concours réglé de semences ignées & cette réparation certaine de la lumiere n'ont rien qui doive nous surprendre ; la nature nous montre un ordre établi pour toutes ses productions : les arbres fleurissent & se dépouillent de leur verdure dans un temps marqué; les dents tombent à un certain âge; les joues d'un jeune adolescent se couvrent d'un tendre coton qui fait ensuite place à un poil plus ferme & plus épais; le tonnerre enfin, la neige, les pluies, les orages, les vents suivent assez l'ordre des saisons; car les premiers éléments s'étant s'abord arrangés d'une certaine maniere, la nature ne peut plus changer l'ordre de leurs premieres dispositions.

Les jours croissent lorsque les nuits diminuent, & par une révolution certaine ces mêmes nuits augmentent lorsque les jours décroissent. Le soleil est la cause de cette vicissitude; car soit qu'il s'éleve au-dessus de la terre, ou qu'il en éclaire les parties inférieures, il divise toute la circonférence du ciel en parties inégales, de sorte que ce qu'il ôte d'un côté, il le rend au côté opposé; mais cette irrégularité cesse dès qu'il arrive dans l'Équateur : les jours sont alors égaux aux nuits; le ciel est partagé également au nord & au midi, il borne les vents orageux qui arrivent de ces poles du monde. Mais la situation & la position du soleil sont obliques dans le zodiaque ; il y fait le partage des saisons de l'année, & ne répand sa lumiere sur la terre & dans les cieux qu'obliquement : c'est ce qu'ont enseigné ceux qui ont observé le ciel, & qui l'ont divisé en tant de différentes constellations.

Pour expliquer cette succession des jours & des nuits ; ne pourroit-on pas croire aussi que l'air étant plus épais dans de certaines régions, les rayons du soleil se trouvent arrêtés, & n'ayant point assez de force pour pénétrer cet obstacle, ils retardent à éclairer l'autre hémisphere ? C'est ainsi que pendant l'hiver la nuit continue de répandre son obscurité sur la terre, jusqu'à ce que la lumiere du soleil forçant les portes de l'orient, fasse briller les premiers traits du jour, ou que les feux qui forment le soleil, arrivant suivant les différentes saisons de l'année avec plus ou moins de vitesse, fassent paroître leur clarté.

La lumiere du soleil étant réfléchie,

peut produire celle de la lune : cet aſtre nous éclaire d'autant plus qu'il s'éloigne davantage du ſoleil, juſqu'à ce que lui étant tout-à-fait oppoſé, il brille à nos yeux de toute ſa ſplendeur ; enſuite il nous dérobe inſenſiblement ſon éclat, lorſqu'achevant ſon cours, il s'éloigne de plus en plus du ſoleil. C'eſt l'opinion de ceux qui prétendent que la lune eſt comme une boule qui dirige ſes mouvements ſous cet aſtre : peut-être auſſi que la lumiere de la lune lui eſt propre & que ſon éclat n'eſt point emprunté, mais que roulant & entraînant inſéparablement avec elle un corps opaque, il nous en dérobe tantôt une partie, tantôt une autre, & quelquefois il nous la dérobe toute entiere.

La lune ne pourroit-elle pas auſſi en tournant ſur ſes poles, nous montrer d'abord un de ſes côtés, enſuite toute ſa face lumineuſe, & enfin continuant de tourner ſur ſon axe, faire diſparoître peu-à-peu cette même clarté, juſqu'à ce que ſa lumiere s'évanouiſſe tout-à-fait : c'eſt le ſentiment que les Chaldéens ont apporté pour combattre celui des Aſtrologues, quoique néanmoins l'opinion des uns & des autres foit poffible, & qu'on ne fache à qui donner la préférence.

Enfin puifque la clarté de la lune n'eft pas produite fuivant un ordre réglé de certaines formes & de certaines figures; que chaque jour elle perd de fon éclat du côté où elle a d'abord commencé à paroître, tandis que du côté oppofé fa lumiere va toujours en augmentant; il n'eft point aifé de déterminer par le raifonnement la caufe de cette variation; mais elle ne doit pas vous étonner, puifque nous voyons mille autres chofes produites avec un ordre conftant. Le printemps revient toujours dans la même faifon, c'eft le temps des amours; le doux zéphir par le bruit de fes ailes annonce qu'il eft l'aimable avant-coureur des plaifirs : Flore remplit l'air du parfum des fleurs, & par la variété de fes préfents flatte agréablement la vue & l'odorat. La chaleur vient enfuite répandre la fécherefse fur la terre; elle eft fuivie de la blonde Cérès. L'automne fuccede & nous enrichit des préfents de Bacchus; mais bientôt les vents nous font fentir leurs haleines furieuses. Le tonnerre qui gronde dans la nue, fait trembler les mortels; la neige commence à se répandre, le froid vient engourdir toute la nature, le triste hiver est arrivé. Cessons donc de nous étonner que la lune ait un temps prescrit pour la naissance de sa lumiere, comme elle en a pour son extinction; puisqu'il y a tant d'autres choses qui sont produites avec un ordre fixe & constant.

Les éclipses du soleil & de la lune peuvent être produites par différentes causes: la lune peut, opposant son globe opaque aux rayons du soleil, en dérober la lumiere à la terre; ce même effet peut aussi arriver par l'interposition d'un autre corps imperceptible & sans éclat. Il se peut encore que le soleil perde sa clarté par l'effet d'un corps plus lumineux; la terre en s'interposant entre le soleil & la lune, peut également dérober la lumiere à ce dernier corps; il se peut aussi que dans le passage de la lune, un corps solide s'interpose entr'elle & le soleil; peut-être enfin que la lune ayant une lumiere qui lui est propre, la perd dans de certaines régions de l'espace qu'elle parcourt, parce qu'elle est effacée par l'éclat de lumieres plus vives qui s'y rencontrent.

Après vous avoir expliqué comment ces globes immenses ont pu se former dans ce vaste univers, dans l'immense espace du vuide; comment on peut connoitre les mouvements variés & les orbes différentes du soleil & de la lune; la cause & la puissance qui les font mouvoir; comment ces globes s'éclipsent & couvrent la terre de ténebres; comment ensuite reparoissant sur l'horizon, ils parent l'univers de nouveaux feux; je reviens de nouveau à la naissance du monde; je vais vous entretenir de l'essai des premieres productions de la terre, de ce qu'elle osa d'abord former, & exposer à la lumiere éclatante du jour & à l'haleine incertaine des vents.

La terre produisit premierement toutes sortes d'herbes; ses collines s'embellirent d'une agréable verdure, & les prairies émaillées de fleurs se firent remarquer sur toutes les campagnes., elle permit ensuite aux différentes especes d'arbres & de plantes de s'élever dans les airs & d'y prendre peu-à-peu leur accroissement, & de même que les plumes ou la laine sont une des premieres choses qui sont produites, lors de la formation des animaux; de même les herbes & les arbrisseaux dans la nouveauté de la naissance de la terre, furent une de ses premieres productions. Elle forma ensuite toutes les especes d'animaux; car sans doute vous ne croyez pas qu'ils soient descendus du ciel tout formés, ou qu'ils sont sortis du fond des eaux. La terre est la mere commune de tous les êtres, il n'y a rien qui ne soit sorti de son sein, aujourd'hui même l'action combinée de la pluie & de la chaleur du soleil, ne fait-elle pas éclore sur la terre une prodigieuse quantité de toutes sortes d'insectes; il n'est donc pas étonnant qu'autrefois dans la premiere jeunesse du ciel & de la terre, il se soit formé des animaux en beaucoup plus grand nombre & beaucoup plus forts.

Dans la saison naissante du printemps, on vit toutes les especes d'oiseaux sortir & abandonner la coque de leurs œufs; c'est ainsi que la cigale dans les chaleurs de l'été, quitte son petit étui, & va chercher d'elle-même l'aliment nécessaire à sa subsistance & à sa conservation. La terre essaya de produire des animaux, les campagnes alors renfermoient beaucoup plus d'élémens de chaleur & d'humidité, & selon que chaque région se trouvoit disposée & offroit des lieux plus convenables, il s'y forma des matieres qui tenoient à la terre par leurs racines; les embryons qu'elles renfermoient croissant avec le tems, acquirent assez de force pour déchirer leurs enveloppes & surmonter tout ce qui s'opposoit à leur passage. La nature dans ce premier âge ouvroit dans les endroits où s'étoient formées ces matrices, les pores & les veines cachées de la terre, elle en faisoit sortir un suc semblable au lait; ainsi l'on voit aujourd'hui le sein d'une jeune femme se remplir d'un lait abondant, parce qu'alors toute la substance de l'aliment se porté dans cette partie. La terre étoit donc la nourrice de ces premiers nés, la chaleur leur servoit de vêtement, & son gazon leur tenoit lieu de berceau.

Dans ce premier âge du monde, le froid n'étoit pas si rigoureux, la chaleur si excessive, les vents si violents; toutes ces choses ayant été formées ensemble, se sont accrues & fortifiées par le temps; c'est donc avec justice que nous reconnoissons encore aujourd'hui la terre pour la mere commune de tous les êtres, puisque c'est par sa puissance que le genre humain a été produit, que c'est elle qui a formé tous les animaux, dont les uns habitent les forêts, les autres les mers ou les airs; mais parce que toute puissance productrice a nécessairement des bornes, la terre cessa d'être féconde, comme une femme cesse de l'être avec l'âge; car le temps change à la fin l'essence, la nature même du monde ; toutes les choses se succedent & font place les unes aux autres, rien n'est fixe ni permanent dans l'univers; le temps exerce continuellement son pouvoir sur tous les êtres, il les change, les altere, les manie à son gré; les uns tombent en pourriture, les autres malades & languissants périssent de vieillesse, d'autres prennent naissance du débris de ces premiers.

premiers. Tout change à la fin de face; la terre passe d'un état à un autre, aujourd'hui impuissante à produire ce qu'elle avoit fait naître autrefois, demain elle fera sortir de son sein, ce qu'elle avoit inutilement tenté auparavant.

La terre essaya d'abord les formes de toutes sortes de monstres; les uns étoient privés de pieds, de mains, de la plupart des membres; les autres étoient sans bras, sans bouche, sans yeux; d'autres avoient leurs membres tellement unis & attachés ensemble, qu'ils ne pouvoient se mouvoir, il leur étoit impossible d'éviter ces choses désagréables, & de suivre celles qui pourroient leur faire plaisir. La terre créa donc des monstres de toute espece, mais la nature les priva de la puissance de se reproduire, ils ne purent se développer, ni rechercher leur nourriture, ni goûter les plaisirs de l'amour; car il faut le concours de nombre de circonstances pour que l'animal acquiere la faculté de se reproduire, il faut d'abord que l'aliment y contribue; que la matiere de la réproduction trouve un réservoir

Tome II. F

& une essence convenable dans le corps, lorsque toutes les parties ont pris leur accroissement, il faut enfin que le mâle & la femelle se recherchent par l'attrait mutuel du plaisir. Par conséquent dans ces premiers temps nombre d'animaux durent périr, parce qu'ils manquoient des qualités propres à la reproduction; & tous ceux qui respirent actuellement, ne se sont maintenus que par la force, ou par l'adresse, ou par la vîtesse de leur course, ou par l'utilité dont ils ont été qui nous a engagé à en prendre soin & à les conserver. Toutes les especes d'animaux sauvages & carnassiers, comme le lion, le tigre, se sont maintenues par la force; la ruse a conservé les renards & la vîtesse les cerfs; mais le chien fidele & vigilant, le bœuf, la brebis & toutes les bêtes de somme se mirent sous la garde de l'homme; ils préférerent un esclavage paisible à la crainte d'être sans cesse la proie des animaux les plus forts : l'homme, comme pour les récompenser de leurs services, leur donna d'abondants pâturages. Mais ceux à qui la nature n'avoit point procuré ces avantages, & qui d'ailleurs ne purent se soutenir par eux-mêmes, ni mériter nos soins par leur utilité, furent la proie des animaux les plus forts : ces especes infinies ne purent échapper à leur destinée ; elles périrent toutes, & furent effacées du nombre des êtres.

Mais on ne vit jamais de Centaure dans le monde; il ne se forma point d'animaux avec une double nature, & d'un corps mêlé de membres de différentes especes. On conçoit sans beaucoup de pénétration qu'il n'y a que les choses de même nature qui puissent s'unir & s'allier ensemble. A trois ans un cheval est à la fleur de son âge; il est alors fort & vigoureux, tandis qu'un enfant de cet âge peut à peine se soutenir, & qu'il cherche encore les mamelles qui l'ont allaité. Mais dans la suite, lorsque le cheval commence à perdre sa vigueur, que ses membres en dépérissant annoncent sa fin prochaine, c'est l'âge où le jeune enfant accrû, développé, perfectionné, commence sa jeunesse florissante; ses joues, son menton se couvrent d'un tendre duvet. Ne pensez donc pas qu'il y ait jamais eu de centaures, ni de scylles demi-femmes ou demi-poissons, environnés de chiens dévorants ou d'autres monstres semblables, formés de parties d'animaux d'especes si différentes & si disproportionnées. Il est d'ailleurs impossible que ces monstrueuses productions puissent avoir un penchant égal pour se réunir; leurs passions, leurs inclinations sont différentes; ils ne pourroient croître & se développer en même-temps; les mêmes aliments ne conviendroient pas à toutes leurs parties: c'est ainsi que la ciguë qui sert de nourriture à la brebis, est un poison très-dangereux pour l'homme. De même le feu ne consume-t-il pas également le corps des lions & celui de tout autre animal qui habite sur la terre? Comment donc se pourroit-il qu'un être qui seroit composé d'un triple corps, comme la chimere qu'on prétend être formée des parties d'un lion, d'une chevre & d'un dragon, pût exister & exhaler de sa gueule affreuse des flammes ardentes? Celui qui dans le premier âge du monde & dans la nouveauté du ciel & de la terre imagina ces productions bizarres & monstrueuses, n'en dut soutenir l'idée que par le plaisir qu'il y a d'imaginer des choses nouvelles : on pourroit encore aujourd'hui égayer son imagination sur mille récits aussi fabuleux, & prétendre qu'alors on vit couler sur la terre l'or avec l'eau des fleuves, que les arbres portoient des perles au lieu de fruits ; que les hommes étoient si grands & si puissants qu'ils pouvoient traverser les mers d'un seul pas, & que de leurs mains ils pouvoient embrasser la vaste enceinte du ciel & la faire tourner autour d'eux. Mais quoique la terre dans le premier assemblage des animaux renfermât dans son sein beaucoup d'éléments propres à la production des êtres, rien ne prouve cependant que l'union de choses si différentes, comme d'un homme avec un animal ou d'un lion avec un dragon, fût possible ; puisque tout ce que la terre produit, comme les arbres, les grains, les fruits, les herbes ne peuvent naître & se développer, s'ils sont mêlés & confondus les uns dans les autres, tant il est vrai que toutes les choses gardent nécessairement leur premier ordre, leur premiere difposition, & qu'il n'y a rien qui ne conferve les loix que la nature lui a données.

Les premiers enfants de la terre étoient beaucoup plus robuftes que ceux d'aujourd'hui, parce que la terre n'avoit encore rien perdu de fa force: leurs os, leurs nerfs, leurs mufcles, toutes les parties de leurs corps étoient auffi plus grandes & plus fortes ; ils n'étoient pas fenfibles à la chaleur ni au froid, à la différence des climats ni au changement des aliments ; leurs corps étoient très-peu fufceptibles d'altération ; leur vie errante comme celle des animaux, voyoit long-temps les vaftes révolutions du ciel & du foleil. On ne connoiffoit pas l'ufage de la charrue ; le fer n'avoit pas encore ouvert le fein de la terre ; on n'avoit pas imaginé de femer dans fes entrailles, ni d'y élever de jeunes arbriffeaux ; on ne favoit pas émonder les arbres ni les tailler ; la chaleur, les pluies faifoient toute la fertilité de la terre. Ces premiers hommes fe contentoient de ce qu'elle produifoit d'elle-même & fans culture ; leur nourriture étoit les fruits des chênes, de l'arbousier, du pommier. Ces arbres alors donnoient des fruits plus grands, plus suaves qu'à présent, & qui étoient pour eux un aliment délicieux. La nouveauté florissante de la terre lui faisoit produire un grand nombre d'autres fruits qui les satisfaisoient ; ils alloient appaiser leur soif sur le bord des fleuves & des fontaines, comme encore aujourd'hui les animaux attirés par le doux murmure d'un ruisseau, vont s'y désaltérer. Ces hommes errants à l'aventure, à l'ombre de la nuit se retiroient dans les antres rustiques des Nymphes qu'ils rencontroient : là des ruisseaux d'une eau claire & limpide coulants au travers des rochers, retomboient en cascade dans de vastes prairies, & grossis dans leur cours par de nouvelles eaux, ils se répandoient avec impétuosité dans les campagnes. On ne connoissoit pas dans ce siecle grossier l'usage du feu, l'homme ne savoit point employer la peau des animaux pour se couvrir ; les bois, les forêts, les cavernes étoient leurs retraites ordinaires, les arbres leur servoient d'asyle contre l'impétuosité des vents & la violence des orages. Personne ne travailloit pour le bien commun, ils n'avoient ni loix ni coutumes, ils jouissoient sans contestation de ce que le fort ou le hasard leur offroit, chacun ne pensoit qu'à soi, & satisfait de son existence, il se suffisoit à lui-même sans s'embarrasser des autres. L'amour cependant, ou plutôt le besoin & la nécessité portoient ces amants rustiques à se réunir dans les forêts, quelquefois une mutuelle ardeur secondoit leurs désirs, quelquefois aussi une passion brutale & emportée les rendoit maîtres de leur jouissance par la force, mais plus souvent ils achetoient leurs plaisirs par des glands, des châtaignes choisies, & dans ces premiers temps ces petits présents n'étoient pas à négliger.

Ces premiers enfants de la terre pleins de confiance dans leur force poursuivoient & chassoient les jeunes animaux à coups de pierre ou de massue, il y en avoit peu qui leur échappassent, & les cavernes n'étoient pas pour eux des retraites bien sûres. Lorsque la nuit les surprenoit, ils faisoient comme les sangliers, ils se couchoient sur la terre & s'enveloppoient de feuillages. Errants sans crainte sous les sombres voiles de la nuit, ils ne remplissoient pas l'air de leurs gémissements pour le retour du jour; ils attendoient tranquillement dans le silence & dans la douceur du repos, que la lumiere du soleil revînt faire briller son éclat dans le ciel. Ils avoient remarqué dès leur plus tendre jeunesse cette alternative de jours & de nuits, ce n'étoit plus pour eux une merveille; ils n'appréhendoient pas qu'une nuit éternelle couvrît pour toujours la face de la terre. Mais leur plus grande inquiétude étoit de voir troubler leur repos par l'arrivée de quelques bêtes féroces; quelquefois chassés de leurs demeures, ils cherchoient en vain d'autres cavernes; un sanglier écumant ou un lion furieux les forçoit de quitter cette nouvelle retraite; il falloit céder à ces hôtes cruels le lit couvert de feuillages qu'ils venoient de dresser pour leur sommeil.

Néanmoins il ne paroissoit pas alors plus d'hommes qu'à présent; si quelqu'un d'eux avoit le malheur d'être surpris par quelques bêtes farouches, elles lui déchiroient les membres & en faisoient leur nourriture. Les forêts, les montagnes, les plaines d'alentour, retentissoient des cris horribles qu'ils jettoient en se voyant, pour ainsi dire, ensevelis tout vivants dans les entrailles de ces animaux carnassiers. Ceux qui se déroboient à leur fureur par la vîtesse de leur course, portoient leurs mains tremblantes sur les blessures mortelles qu'ils venoient de recevoir ; ils appelloient la mort à leur secours avec des cris épouvantables ; mais bientôt épuisés par la perte de leur sang, rongés par les vers qui s'engendroient dans leurs blessures, & ignorant sur-tout les remedes qu'il falloit appliquer à leurs maux, ils voyoient terminer leur vie avec leur douleur. Mais dans ce temps on ne voyoit pas des milliers d'hommes se réunir & se faire entre eux des guerres longues & cruelles, la mer n'étoit pas teinte de leur sang, & la terre ne se trouvoit pas couverte en un instant d'une multitude de morts & de mourants. Les ondes irritées de l'océan ne faisoient point échouer les vaisseaux contre les rochers ; en vain l'orage & les tempêtes regnoient sur les mers, le calme de l'océan n'avoit encore tenté personne ; l'àrt de la navigation n'étoit pas découvert. Si quelques hommes alors périssoient par le défaut d'aliments, combien un plus grand nombre aujourd'hui périssent par les excès & par l'intempérance. Il étoit bien rare dans ces premiers temps que les hommes s'empoisonnassent eux-mêmes par leur imprudence, tandis qu'aujourd'hui ils préparent eux-mêmes les poisons qu'ils veulent donner à leurs ennemis.

Mais lorsque l'homme quelque temps après eut imaginé de se construire de petites cabanes, de se couvrir de la peau des animaux, & qu'il eût trouvé l'usage du feu ; que le mari & la femme se choisirent une même demeure, qu'ils s'unirent par les tendres liens de l'amour, que les enfants furent reconnus & avoués par leurs peres ; dès ce moment le genre humain commença à perdre de sa vigueur, l'homme accoutumé au feu, ne put supporter l'intempérie des saisons, l'usage trop fréquent des plaisirs de l'amour énerva son tempérament, les tendres caresses des enfants adoucirent insensiblement le naturel farouche des peres; l'amitié s'établit, on forma des liaisons avec les voisins, on prit un soin particulier des enfants & des femmes, ils convinrent dans leur langage à peine à demi-formé, de soutenir & de protéger le sexe le plus foible, & sans autre morale que celle de la nature, ils s'exhorterent à la défense de l'oppressé. Ce n'est pas qu'il regnât entr'eux une union générale & parfaite, mais la plus grande partie observa toujours religieusement ses traités, sans quoi peut-être le genre humain se seroit totalement détruit, & on ne l'eut pas vu se multiplier jusqu'à nous.

On imagina les différents sons de la langue, l'utilité des choses fut la cause des noms particuliers qu'on leur donna, comme un jeune enfant qui ne peut encore se faire comprendre, montre & désigne avec le doigt les choses qu'il voit & qu'il desire. Tout être vivant connoît les forces dont il peut se servir. A peine les cornes commencentelles à paroître fur la tête d'un jeune taureau, que s'il s'irrite, il fe baiffe pour en frapper; les lionceaux, les jeunes pantheres ont à peine des ongles & des dents, qu'ils les emploient à fe défendre & attaquer. On voit les jeunes oifeaux fe fiant à leurs ailes délicates abandonner leur vie aux premiers effais de leur vol. Qu'il eft ridicule de penfer qu'un feul homme ait imaginé le premier les noms de toutes les chofes, & qu'il ait enfuite fait part de cette découverte au genre humain! De qui un mortel auroit-il pu recevoir cet avantage? Comment auroit-il été feul privilégié parmi tous les autres hommes, comment la connoiffance en feroit-elle parvenue à un feul homme, préférablement à tout autre? Croit-on d'ailleurs qu'il auroit eu affez de crédit pour forcer fes femblables à recevoir fes préceptes. La docilité ne paroît pas avoir été une des vertus dominantes de ces premiers fiecles, & il n'eft pas vraifemblable que des hommes auffi groffiers euffent eu affez de patience pour recevoir & apprendre d'autrui une langue qu'ils n'euffent pas imaginée. Eft-il donc fi étonnant que le genre humain étant pourvu d'organes propres à parler, ait donné des noms différents aux différentes choses selon les idées qu'il s'en formoit? Ne voyons-nous pas que les animaux même ont une langue & des inflexions différentes pour exprimer leurs diverses sensations, comme la peur, la joie, la douleur? Voyez un dogue irrité, il ouvre une large gueule, montre des dents menaçantes; la rage, la colere lui fait pousser des cris effrayants, mais à peine est-il appaisé, les inflexions de sa voix changent, ses aboyements deviennent plus doux; voyez-le ensuite caressant ses petits avec sa langue, jouant avec eux, les agaçant par de feintes morsures, combien alors son ton, ses accents sont doux & touchants, & combien ils sont encore différents des cris qu'il jette, lorsqu'il est enfermé seul dans une maison, ou lorsque la douleur des coups le force à se plaindre.

Un jeune cheval qu'irrite l'ardeur de ses desirs, les exprime par des hennissements bien différents de ceux qui le font frémir au bruit des armes, ou lorsqu'en liberté dans la plaine, il se presse les flancs pour quelqu'autre sujet. Combien les éperviers, les milans, les vautours, les plongeons qui tirent leur nourriture des eaux de la mer, n'ont-ils pas d'accents variés, soit qu'ils se disputent leur proie ou leur aliment, soit que les saisons soient la cause de cette variation, comme on l'assure des corbeaux & des corneilles, qui, dit-on, demandent de la pluie, & semblent appeller les vents & la fraîcheur de l'air. Par conséquent si des animaux ont la faculté d'exprimer de plusieurs manieres leurs affections différentes, pourquoi l'homme qui leur est si supérieur n'auroit-il pas celle de désigner par des noms les diverses choses qu'il apperçoit ou qu'il conçoit?

L'usage du feu peut avoir été trouvé de deux manieres; la foudre en se précipitant sur la terre, peut avoir laissé des traces de ses flammes, car on voit qu'un corps, lorsqu'il est frappé par les feux du ciel, répand des flammes qui se font remarquer tout alentour; ou bien, le choc impétueux des vents agitant les arbres dans les forêts, aura mis le feu aux branches & aux rameaux. Ce ne peut être qu'aux rayons du soleil qu'on a l'obligation de l'usage de cuire les viandes & de les rendre par-là d'une plus facile digestion. L'expérience fit connoître à ces premiers hommes beaucoup de choses dans les campagnes, qui ayant été meuries par la chaleur du soleil, étoient devenues meilleures: alors ceux qui avoient le plus d'adresse & d'industrie, apprirent à se servir de cet élément pour préparer leur nourriture ; ils réformerent leur maniere de vivre, ils adoucirent leurs mœurs dures & grossieres : les plus puissants d'entr'eux commencerent à bâtir des cités & des forteresses pour s'y tenir en sûreté; ils partagerent les troupeaux, diviserent les champs, & ce partage se fit suivant les avantages ou les prérogatives de la beauté, de la force ou de l'esprit ; car dans ces commencements la force & la beauté étoient dans une grande considération. Chacun enfin posséda quelque chose en propre ; mais bientôt après l'or fut trouvé, & cette funeste découverte fit perdre de leur prix à la force, à l'esprit, à la beauté ; tout fut soumis à l'empire de la richesse. Si l'homme régloit la conduite de sa vie par le conseil de la sagesse, qu'il sût unir la sobriété à l'égalité de l'esprit, il seroit toujours riche. Quiconque sait se contenter de peu, n'a point à redouter la pauvreté ; mais les hommes recherchent avec empressement la puissance & les dignités dans l'espérance de donner une base solide à leur fortune; ils s'imaginent que le chemin de la richesse est celui du bonheur, & qu'on ne peut être heureux sans elle. Mais que leur attente est vaine ! que cette route est semée de ronces & d'épines ! A peine croient-ils être au faîte des honneurs, que souvent l'envie, comme un coup de foudre, les précipite & les fait retomber dans la bassesse & l'infamie ; de sorte qu'il vaut souvent beaucoup mieux obéir & vivre en paix, que de prétendre commander aux nations, & de tenir sous ses loix des sceptres & des couronnes. Laissons les mortels superbes tenter le chemin des grandeurs & de la fortune; ils ne prennent pas garde que la route de l'ambition est étroite & escarpée : souvent l'envie, semblable au tonnerre, les renverse par terre du rang suprême où ils se sont élevés. Ces mortels orgueilleux n'ont souvent de savoir & de prudence, que celui qu'ils reçoivent de leurs ministres; ils s'en rapportent toujours moins à leur sentiment qu'à celui des autres : telle a toujours été la conduite des hommes élevés en dignité dans les siecles précédents ; telle elle est encore aujourd'hui & sera encore à l'avenir.

Quand les Rois ont été détrônés & massacrés par leurs peuples, l'ancienne majesté du trône a été abbattue; les sceptres superbes, les diadêmes illustres, couverts de sang & de poussiere, foulés aux pieds de la multitude, sembloient regretter les honneurs qu'ils avoient perdus ; car on se plaît à traiter avec le plus de mépris & d'indignité les choses qu'on a le plus craint & redouté. Alors la souveraine autorité fut remise entre les mains du peuple, chacun demanda pour soi le commandement, on créa les charges & les magistratures, les loix furent établies : les hommes las à la fin que la violence & la force décidassent de tout, & voyant que les querelles qui s'élevoient entre eux, faisoient le malheur perpétuel de leur vie, se soumirent de plein gré à l'autorité des loix ; ils s'obligerent réciproquement de les observer. Cette soumission & la crainte du châtiment suspendirent tout acte de violence ; on modéra les transports de sa colere, tant par la crainte du glaive de la justice, que par les remords d'avoir rompu les liens de la société civile. En effet n'a-t-on pas toujours à craindre que les crimes ayant échappé à la pénétration des Dieux & à la connoissance des hommes, ne soient divulgués tôt ou tard ? ne peut-on pas se trahir soi-même dans le sommeil ou dans des accès de délire ou de rêverie, & publier alors des crimes que le temps sembloit avoir effacé ?

Il n'est point difficile de connoître l'origine du culte des Dieux, ni de savoir comment toutes les nations leur ont élevé des temples & fait des sacrifices ; pourquoi encore aujourd'hui elles implorent leurs secours dans leurs actions les plus importantes, quelle est la cause qui porte les mortels à élever dans toutes les parties de la terre des temples nouveaux aux Dieux,

& à célébrer des fêtes en leur honneur. Dans ces temps il se présentoit à l'esprit des hommes, même pendant leur sommeil, des simulacres de la plus grande beauté & d'une taille merveilleusement avantageuse, & parce qu'ils croyoient voir le mouvement du corps de ces simulacres, & qu'il leur sembloit qu'ils parloient convenablement à la grandeur de leur être; ils leur attribuerent l'usage des sens & du sentiment; ils se persuaderent qu'ils étoient immortels, parce que ces figures se représentoient sans cesse à leur imagination, & en effet elles devoient toujours y être présentes par l'écoulement perpétuel des simulacres ou images qui s'échappent des corps, d'ailleurs ils pensoient qu'il étoit impossible que rien pût vaincre les forces puissantes de ces divins simulacres. Ils se persuadoient qu'ils devoient être beaucoup plus heureux que nous, parce que la crainte de la mort ne troubloit point leur repos, & qu'ils leur voyoient faire pendant le sommeil nombre de choses surprenantes sans qu'ils en parussent fatigués. Mais ce qui les persuadoit davantage, étoit les mouvements réglés du ciel, le retour certain des saisons, dont ils n'avoient pu jusqu'alors découvrir la cause, ils les regardoient comme des prodiges qu'ils attribuoient aux Dieux, & ils se persuaderent ainsi aisément que rien ne se faisoit au monde sans leur volonté; enfin ils établirent dans le ciel des trônes & des palais éternels pour ces Dieux, parce que c'est au ciel que se fait le mouvement du soseil & de la lune, que c'est là que se forment les jours & les nuits, qu'on voit des astres nous prêter leur clarté pendant l'obscurité, que des feux brillants s'agitent dans les airs, & qu'enfin c'est sur cette région spacieuse que les nues forment les pluies, la rosée, la neige, la grêle, les vents, les orages & la tempête.

Malheureux mortel! qui oses troubler le repos des Dieux en les assujettissant au travail & aux mouvements de la colere; combien cette crédulité t'a causé de crainte & d'allarmes! Que nous avons ressenti cruellement les suites de cette erreur funeste! quelle source de larmes ne prépare-t-elle pas à la postérité. N'appellez point piété l'action de l'hypocrite qui s'approche des statues des Dieux la tête voilée, qui prosterné par terre, éleve ses mains au ciel pour implorer leur secours, & qui entassant vœu sur vœu, remplit les temples du sang des victimes. La véritable piété consiste à pouvoir envisager toutes les choses avec un esprit tranquille & un regard ferme; car lorsque nous élevons les yeux vers cette voûte éclatante qui pare notre univers, & que nous considérons le nombre prodigieux de soleils, & d'astres qui brillent avec éclat dans le ciel, lorsque nous faisons attention aux mouvements réglés du soleil & de la lune, ce spectacle nous attriste, sur-tout si l'inquiétude qui en naît nous force à rechercher en même-temps, s'il n'y a point quelque puissance supérieure qui imprime le mouvement & regle toutes ces choses.; car l'ignorance des causes premieres, tourmente l'esprit; on veut savoir quelle a été l'origine du monde, quelle sera sa fin, jusqu'à quand cette enceinte immense pourra résister au choc de tant de mouvements; ou si la puissance des Dieux ne préservera point le monde des loix de la destruction, malgré les efforts de tant de secousses qui l'agitent depuis l'éternité des temps, & qui tendent sans cesse à le détruire.

Quel est d'ailleurs le mortel dont l'esprit ne soit point ému par la crainte des Dieux, qui ne se sente saisi d'effroi par la peur du tonnerre, lorsque ses coups redoublés ébranlent la terre, & que son murmure menaçant se fait entendre dans tout le ciel ? Alors les peuples, les nations sont saisis de terreur ; la crainte des Dieux humilie l'orgueil des Rois ; pénétrés de frayeur ils croient que le moment de la punition de leurs crimes est arrivé. Lorsque les vents déchaînés excitent l'orage & la tempête, lorsque leur souffle furieux submerge les vaisseaux qui sont sur les mers ; que les légions, les soldats, les matelots, les éléphants se choquent & sont entraînés par les ondes irritées, alors le chef de l'armée adresse ses vœux au ciel pour appaiser sa colere ; il fait des prieres aux vents pour se les rendre favorables, mais c'est en vain ; les fiers aquilons sourds à ses prieres redoublent leurs fureurs, & le font souvent échouer contre un écueil ou un rocher. Tant il est vrai qu'il y a une certaine force secrete qui fait évanouir les desseins des hommes, qui dompte l'orgueil des grands, & se joue de leur ambition. Enfin, quand la terre tremble sous nos pieds, que les villes ébranlées semblent vouloir tout ensevelir sous leurs ruines, qu'y a-t-il d'étonnant que dans ces instants périlleux, l'homme oubliant sa raison & se défiant de ses lumieres, ait recours à la puissance des Dieux, & qu'il les reconnoisse pour les causes de toutes les choses?

Au reste on trouva le cuivre, l'or, le fer, aussi bien que l'argent & le plomb, lorsque le feu eut détruit les forêts sur les montagnes, soit qu'il y ait été mis par la chûte du tonnerre, soit que les hommes de ce temps l'y eussent mis eux-mêmes pour intimider leurs ennemis pendant la guerre, soit que ces mêmes hommes séduits par la bonté du terrein, voulussent étendre leurs campagnes & rendre leurs pâturages plus abondants, soit enfin pour faire périr les animaux sauvages

sauvages & s'enrichir de leurs dépouilles, car dans ces premiers siecles de la terre, on se servoit pour chasser plutôt de fosses & de feu, que de filets & de chiens; enfin de quelque maniere que le feu ait détruit & consumé les forêts, il est certain que la terre ayant été brûlée & vitrifiée par le feu, des ruisseaux d'or, d'argent, de plomb, sortirent de ses veines dans les cavités les plus profondes des montagnes : & ces ruisseaux s'étant arrêtés à la surface de la terre, ils s'y consoliderent & se firent remarquer par leur brillant & leur éclat. Les premiers hommes s'appercevant que ces métaux conservoient la même forme que les matrices d'où ils avoient été tirés, ils imaginerent alors que si ces métaux étoient liquefiés par le feu, ils pourroient prendre la forme qu'on voudroit leur donner; & à force de les battre, ils en formerent des pointes aigues, des tranchants déliés, dont ils se servirent pour armer leurs dards, leurs fleches ; ils en firent ensuite des outils pour couper les arbres des forêts, équarrir les bois, les tailler, les creuser ou les arrondir.

Ces premiers outils étoient indifféremment d'or, d'argent, de fer ou de cuivre; mais bientôt s'étant apperçus que l'or, l'argent avoient moins de résiſtance que le fer; que la pointe des outils qui en étoient formés, s'émouſſoit aiſément, ils donnerent la préférence au fer & à l'airain, & laiſſerent dans les entrailles de la terre l'or & l'argent. Mais que les temps ſont changés! on fait peu de cas aujourd'hui du fer, du cuivre : l'or & l'argent ſont l'idole & le ſouverain bien de l'homme. Ainſi les ſiecles mobiles changent le prix de toutes les choſes; ce qui fut autrefois précieux, eſt aujourd'hui mépriſé; une choſe en bannit une autre; l'or eſt aujourd'hui ce qu'on recherche avec le plus d'empreſſemment; on ne fait cas que des biens de la fortune, & les mortels s'empreſſent à lui rendre les plus grands honneurs.

Vous pouvez facilement, Memnius, connoître par vous-même comment les hommes ont trouvé l'uſage du fer: d'abord ils n'avoient d'autres armes que leurs mains, leurs ongles, leurs dents & les pierres; ils s'armoient dans les bois de troncs, de branches d'arbres. Mais quand ils eurent connu le feu, & qu'ils sûrent l'employer, ils forgerent des armes de fer ou d'airain. L'usage de l'airain cependant précéda celui du fer, parce qu'il étoit alors plus abondant, & qu'il est d'une matiere plus maniable, plus souple; on l'employa à remuer la terre; les armures pour la guerre étoient de ce métal; ils s'en servôient pour faire de larges blessures à leurs ennemis, pour s'emparer de leurs champs & de leurs troupeaux. Avec de telles armes, on conçoit qu'ils se renditent aisément les maîtres de tout ce qui étoit sans force & sans défense. Peu de temps après on imagina de faire des armes avec le fer; on abandonna l'usage de l'airain; les laboureurs commencerent à se servir d'un soc de ce métal pour ouvrir les entrailles de la terre, & les hommes se trouvant également armés se disputerent l'avantage de la victoire; ils apprirent d'abord à dompter les chevaux, à leur mettre un mors, à les monter; ils s'armerent de l'épée pour aller au combat; ensuite ils essayerent de joindre deux chevaux à un chariot, car l'ufage de n'atteler que deux chevaux a dû précéder celui de quatre & celui des chariots armés de faulx tranchantes. Enfuite les Carthaginois dompterent les éléphants, les drefferent pour l'ufage de la guerre ; ils bâtirent des tours fur leurs dos ; ils les accoutumerent à garder leur rang dans les armées, à recevoir des bleffures & à jetter l'effroi & l'épouvante parmi les ennemis. Ainfi la cruelle difcorde invente continuellement des armes de plus en plus meurtrieres au genre humain, & augmente de jour en jour la terreur de la guerre.

On effaya auffi d'accoutumer les taureaux aux exercices de la guerre; on tâcha de dompter les fangliers & de les faire fervir contre l'ennemi. Les Parthes même mirent à leur avant-garde des lions fous la conduite de gens armés qui avoient l'art de les dompter. Mais toutes ces inventions furent fans fuccès, car ces animaux dans la chaleur du combat reprenoient leur férocité naturelle; ils ne reconnoiffoient plus leurs maîtres; ils mettoient le défordre par-tout, renverfant les troupes de leur parti pêle-mêle avec les troupes ennemies, & jettant l'épouvante dans tous les rangs. Les chevaux épouvantés par le rugissement de ces fiers animaux, n'obéissoient plus à leur cavalier : les lionnes sur-tout donnoient par-tout des marques de leur rage, tantôt se jettant au visage de ceux qui se présentoient, tantôt les surprenant par derriere ; rien n'arrêtoit leur fureur, lorsqu'elles se sentoient en liberté ; elles terrassoient les plus forts, & les mettoient en pieces avec leurs ongles & leurs dents. Les taureaux renversoient les sangliers, les fouloient aux pieds, se jettoient sur les chevaux, leur perçoient les flancs avec leurs cornes, & de leur regard menaçant ils les renversoient sur la poussiere. Les sangliers de leur côté faisoient sentir leurs cruelles défenses aux soldats des deux armées ; ils teignoient de leur sang les dards qui se rompoient en leur faisant de larges blessures. La cavalerie mêlée avec l'infanterie étoit en confusion ; c'étoit en vain que les chevaux se mettoient de côté ou s'élevoient en l'air de plusieurs pieds pour éviter leurs blessures ; ces animaux furieux leur coupoient les jarrets avec leurs défenses, & les faisoient retomber sur la terre de toute leur pesanteur. On s'apperçut trop tard que ces animaux qui paroissoient domptés à la maison, reprenoient tout leur naturel dans les combats par les blessures, les cris, le tumulte, la terreur & le désordre : on n'en ramenoit point de la guerre, chacun s'échappoit de différents côtés. Ainsi l'on voit souvent les bœufs de Lucanie étant au pied des autels, & n'ayant reçu qu'un demi-coup du Sacrificateur, s'échapper avec furie des temples où l'on vouloit les immoler, après y avoir causé bien du ravage. Cependant on a peine à se persuader que les hommes de ces siecles connoissant le naturel féroce & indomptable de ces animaux n'eussent pas prévu ces malheurs & ces accidents, qui d'ailleurs ne doivent pas être arrivés seulement dans quelque climat de la terre, mais généralement dans toutes ses parties & dans les autres mondes formés par le concours & la réunion de la matiere premiere. Ce ne fut pas sans doute l'espérance de vaincre qui fit emprunter le secours de ces fiers animaux; mais les plus foibles résolurent de périr, pourvu que la victoire coûtât bien des larmes & du sang à leurs ennemis.

Les premiers vêtements dont les hommes se servirent, étoient faits par l'union de plusieurs nœuds, on n'avoit pas encore imaginé l'art de la tisseranderie, le fer dut précéder cette utile découverte ; car la plupart des outils qu'on y employe, comme les fuseaux, les navettes, les lames sont composées en partie de cette matiere.

L'homme étant naturellement plus adroit & plus industrieux que la femme, dut d'abord préparer les laines & les travailler, jusqu'à ce que les laboureurs trouvant ce travail indigne d'eux, en chargerent le sexe le plus foible, ils garderent pour eux & préférerent les travaux durs & pénibles de l'agriculture, & cet exercice servit à les rendre encore plus forts & plus robustes.

La nature, cette maîtresse souveraine des choses, donna elle-même aux hommes la premiere idée de la maniere d'enter & de planter, on s'ap-

G iv

perçut que les glands & les graines tombées des arbres, produisoient de jeunes arbrisseaux l'année suivante; on imagina de joindre & d'enter les plantes les unes sur les autres, d'enfouir en terre dans les champs de jeunes branches, & l'on en vit bientôt naître des plantes nouvelles. Ensuite on fit plusieurs essais pour perfectionner le labourage, on imagina différentes cultures, on parvint ainsi à avoir des fruits beaucoup plus doux que ceux que produisoient la terre naturellement; de jour en jour en défrichant les terres, les hommes reculerent les bois, les forêts vers le haut des montagnes & donnerent ainsi plus d'étendue aux terres cultivées. Les campagnes s'étendirent & offrirent de vastes prairies émaillées de toutes sortes de fleurs, des ruisseaux, des lacs, d'abondants pâturages, des collines, des vignobles: les champs furent distingués par de belles rangées d'oliviers qui devinrent l'ornement des terres, des vallons; c'est ainsi qu'à présent les campagnes sont bordées d'arbres de toute espece, & sur-tout de pommiers, dont le fruit est si agréable & a tant de douceur.

Les oiseaux par la douceur de leurs concerts donnerent aux hommes l'envie de les imiter, cette mélodie faisoit alors une partie de leurs plaisirs. Ce ne fut que long-temps après qu'ils trouverent le moyen de charmer leurs oreilles en joignant l'art des vers à l'art du chant. Les zéphirs en soufflant dans les chalumeaux champêtres, & faisant entendre leurs douces haleines, donnerent la premiere idée de la flûte, peu-à-peu les mortels s'accoutumerent à chanter leurs plaintes amoureuses sur des airs nouveaux, c'est ainsi qu'ils passoient leurs tendres loisirs dans les bocages solitaires & les forêts, au sein des plaisirs les plus innocents. Le temps amene toujours quelque nouvelle découverte, dont la raison & l'industrie apprennent ensuite à faire usage. Ces petits concerts adoucirent peu-à-peu l'esprit des hommes, ils faisoient les délices des festins champêtres, tout plaît dans ces agréables instants, les premiers bergers assis sur l'herbe tendre, au bord d'un ruisseau qui faisoit entendre le murmure de ses eaux, à l'ombre des arbres touffus, étoient contents & satisfaits du peu qu'ils possédoient. C'étoit sur-tout dans la saison riante du printemps, lorsque les prairies se couvrent d'une agréable verdure, c'étoit alors que les jeux, les ris, le tendre badinage, les contes, les douces railleries étoient en usage, alors dans l'enjouement de leur gaieté ils se couronnoient la tête de fleurs, ils se faisoient des écharpes de feuillages verds. La danse cependant se faisoit sans mesure, on frappoit la terre d'un pas dur & pesant, c'étoit des sauts sans graces ni cadence, d'où s'élevoient des ris & des railleries plaisantes; car plus toutes ces choses paroissoient nouvelles, plus elles faisoient un effet surprenant, les hommes sans s'embarrasser du sommeil veilloient agréablement, ils chantoient des chansons sur des airs différents, & promenoient leurs levres crochues sur les trous de leurs chalumeaux; les plaisirs de la nuit devinrent les divertissements du jour: bientôt l'on ajouta la mesure & la cadence aux différentes danses qu'on imagina. Les réjouissances, les fêtes multipliées qu'on donne aujourd'hui, n'ont pas plus d'attraits que celles de ces premiers enfants de la terre; car tout ce qui est nouveau a toujours l'art de plaire. Les dernieres inventions nous paroissent les meilleures, elles anéantissent les premieres, car notre légéreté, notre inconstance nous font bientôt rejetter les choses qui ont d'abord paru nous flatter davantage.

Ce fut pour lors qu'ils cessèrent de se nourrir de glands; le gazon & le feuillage ne leur servirent plus de lits sur la terre, on cessa de porter les peaux des animaux sauvages, ces vêtements furent méprisés, quoiqu'ils n'eussent pas été découverts sans exciter beaucoup de jalousie, on peut même croire que celui qui les porta le premier en fut la victime, & que son sang répandu sur ces peaux, fut tout le fruit qu'il retira de cette découverte.

Alors les hommes se disputoient la dépouille des animaux, mais aujourd'hui c'est pour l'or & le pourpre qu'ils menent une vie agitée, que l'inquiétude & les soucis les dévorent, qu'ils se font la guerre, en quoi nous sommes bien plus coupables que ces premiers enfants de la terre, qui étant nuds, n'auroient pu se passer de ces vêtements sans être exposés à toute la rigueur du froid, tandis qu'aujourd'hui il devroit nous être indifférent d'être privés de robes de pourpre tissues d'or & d'argent, puisqu'un simple habit pourroit nous couvrir & nous défendre également du froid & de l'intempérie des saisons. C'est donc en vain que les hommes se donnent toujours de la peine, qu'ils s'inquiétent, qu'ils passent leur vie dans des soins inutiles, parce qu'ils ne savent pas quelle est la vraie mesure des biens qu'il suffit de posséder, jusques où s'étendent les vrais plaisirs. Ils livrent ainsi leur vie au torrent des passions, & éprouvent dans leur ame les agitations les plus violentes. Cependant les globes mobiles du soleil & de la lune en parcourant leurs orbites immenses, & répandant leurs lumieres sur toute la vaste étendue des cieux, firent connoître aux mortels, comment se renouvellent les différentes saisons de l'année, & que toutes les choses naissent & se conservent suivant des loix fixes & invariables. Ils virent alors que la nature pouvoit être aidée par l'art; ils éleverent des tours & bâtirent des forteresses pour se garder contre leurs ennemis, ils se partagerent la terre, la mer fut couverte de vaisseaux, ils se firent des alliés, s'envoyerent des troupes auxiliaires. Quand les Poëtes commencerent à célébrer dans leurs vers les actions mémorables de ces siecles, il n'y avoit pas long-temps que les lettres avoient été inventées, c'est pourquoi notre siecle ne peut connoître ce qui s'est passé auparavant, les choses présentes peuvent seulement nous donner quelques idées de celles qui sont arrivées dans les âges antérieurs. Ce n'est qu'à force de temps, de travail & d'expérience qu'on est parvenu à se procurer tant de commodités, on n'a point su d'abord la navigation, l'agriculture, l'architecture, il s'est passé bien des siecles après la naissance du monde, avant qu'on eut créé des loix, établi les peines & les récompenses. L'invention des armes est la suite de la découverte des métaux, les chemins celle de la réunion des hommes, le luxe & la magnificence des habits celle de la vanité; enfin la poësie, la peinture, la sculpture, tous les beaux arts sont les suites du développement de l'esprit humain. C'est le temps qui a amené toutes ces découvertes insensiblement. C'est la raison & l'industrie qui les a perfectionné, car les choses tirent leur éclat, leur développement les unes des autres, jusqu'à ce que tout soit arrivé au plus haut degré de perfection.

Fin du cinquieme Livre.

TRADUCTION LIBRE DE LUCRECE.

LIVRE SIXIEME.

LA célebre ville d'Athenes enseigna la premiere aux mortels malheureux l'art de l'agriculture ; elle leur apprit à établir de sages loix, leur fit connoître les malheurs attachés à la vie, & leur procura de bien douces consolations, quand elle donna la naissance à cet homme incomparable * par sa sagesse, qui leur fit connoître la nature véritable de toutes les choses, & dont la gloire immortelle est encore aujourd'hui portée jusqu'au ciel à cause de ses divines découvertes.

---

* Epicure.

Ce sage considérant que les hommes avoient en abondance tout ce qui est nécessaire aux agréments de la vie, qu'ils pouvoient couler leurs jours dans le repos & la tranquillité, qu'ils étoient élevés au faîte des honneurs & des dignités, que leurs enfants jouissoient d'un rang & d'une réputation distinguée, & que néanmoins malgré tous ces avantages leurs cœurs étoient souvent en proie à de cruelles inquiétudes; qu'ils étoient les esclaves perpétuels de leurs passions; ce sage comprit d'abord que ces maux ne pouvoient venir que d'un vice de leur esprit, qui altéroit tous les biens qui leur venoient du dehors; ce sage commença donc à purger le cœur par la vérité de ses discours; il coupa la racine des passions, il mit des bornes à la crainte; il montra aux hommes quel étoit le souverain bien qui devoit être le but de tous leurs desirs; il indiqua la route la plus certaine & la plus facile pour pouvoir y parvenir; il leur fit connoître les malheurs attachés à la vie humaine; il fit voir que la nature contribuoit à l'événement des uns, que le hasard faisoit naître les autres, & que quelquefois c'étoit un effet nécessaire du cours des choses: il prouva enfin que les hommes se tourmentent souvent en vain pour des chimeres & des inquiétudes ridicules: semblables à des enfants qui redoutent dans l'obscurité des spectres & des phantômes, la plupart craignent souvent à la lumiere du jour des choses qui sont beaucoup moins à redouter. Pour dissiper ces vaines terreurs, il suffit de considérer la nature & de faire usage de sa raison; c'est ce motif qui me détermine à continuer l'Ouvrage que j'ai entrepris.

Je vous ai enseigné ci-devant que le monde devoit périr, que les cieux sont composés de corps périssables, que toutes les choses qui sont produites dans sa vaste étendue & toutes celles qui s'y formeront à l'avenir, seront soumises aux loix de la destruction. Maintenant je vais continuer, mon cher Memmius, à vous développer ce qui me reste à vous dire, puisque l'espérance d'un heureux succès m'a engagé à monter sur un char brillant, & que toutes les difficultés qui se sont trouvées dans l'essor de ma course, ont été heureusement levées & sont tournées à mon avantage.

Les différentes productions, les mouvements divers que les mortels voient se former dans le ciel & sur la terre, frappent leurs esprits consternés par la crainte qu'ils ont des Dieux : cette terreur les anéantit devant leur puissance redoutable, parce que l'ignorance de tant d'effets naturels les force à regarder ces mêmes Dieux comme les souverains arbitres de toutes les choses. Ils attribuent à un effet de leur suprême puissance tout ce qu'ils ne peuvent comprendre ; car si ceux-mêmes qui sont persuadés que les Dieux menent dans le ciel une vie parfaitement heureuse & tranquille, sont frappés d'étonnement à la vue de tant de productions différentes, & principalement lorsqu'ils considerent l'harmonie qui regne dans les corps qui roulent sur leurs têtes, ils retombent de nouveau dans l'esclavage de la religion ; ils se donnent d'eux-mêmes des tyrans impérieux auxquels ils attribuent une suprême puissance, parce qu'ils ignorent jusqu'où s'étend le pouvoir de la nature pour la production des différents corps, que tous les êtres ont des limites certaines qu'ils ne peuvent enfreindre, & c'eſt ce défaut de lumiere dans leur raiſonnement qui les fait errer de plus en plus. Si vous n'écartez de votre eſprit ces ſentimens indignes de la grandeur des Dieux, & ſi fortement oppoſés au bonheur de leur félicité; vous deshonorez la majeſté de leur nature ſublime par la baſſeſſe de cette façon de penſer; non que vous offenſſiez leur pouvoir ſuprême, ni que ce manque de reſpect puiſſe exciter leur colere & les porter à la vengeance; mais parce qu'étant perſuadé dans le fond de votre cœur que les Dieux, qui menent néceſſairement par leur nature une vie paiſible & tranquille, peuvent s'abandonner aux mouvements tumultueux de la colere, vous ne pouvez avec cette façon de penſer viſiter leurs temples avec un cœur content, & vous ne pouvez pas recevoir avec une ame paiſible leurs divins ſimulacres qui agiſſent de différentes manieres ſur l'entendement humain.

Jugez par ce trouble des ſuites malheureuses de la vie. Mais puisque je n'ai point de plus grand desir que d'éloigner de votre cœur les inquiétudes & la crainte, je vais continuer à vous entretenir sur ce sujet, sur lequel je me suis déja beaucoup étendu. Je veux vous faire connoître les causes des phénomenes qui arrivent dans l'atmosphere & dans le ciel, je vous parlerai du tonnerre, des tempêtes, de leurs effets, afin que vous méprisiez les vaines allarmes que donnent les Augures, lorsqu'ils partagent le ciel en différentes parties, pour voir de quel côté vient la foudre & le tonnerre; s'il se porte à droite ou à gauche, comment il pénétre dans les lieux fermés, & comment il s'en retire après avoir laissé des marques de son ravage. Le vulgaire ignorant qui ne connoît pas la cause de ces effets, ne manque pas de les regarder comme les instruments du courroux des Dieux.

O Muse savante! divine Calliopé, toi qui fais le repos des hommes & le plaisir des Dieux immortels, enseigne-moi la route que je dois tenir pour arriver à la fin de ma course, & permets que sous tes auspices je puisse atteindre au but de la gloire, & ceindre mon front d'une couronne immortelle.

Les campagnes azurées du ciel sont ébranlées par le tonnerre, quand les nues poussées par des vents opposés, se choquent avec violence; mais jamais l'on n'entend la foudre gronder du côté où le ciel est serein. Là où des nuages noirs & épais sont rassemblés en grand nombre; là d'ordinaire le tonnerre se fait entendre avec un murmure plus menaçant. D'ailleurs les nues ne sont pas si serrées, si condensées dans leur assemblage que la pierre ou le bois; elles ne sont non plus si déliées, si légeres que le brouillard & la fumée; car si cela étoit, ou il faudroit qu'elles tombassent, comme les pierres, pressées par leur propre pesanteur, ou qu'elles se dissipassent comme la fumée sans pouvoir contenir la grêle ou la neige.

Les nues font le même bruit dans les plaines de l'air que des toiles tendues sur de grands théatres, lorsque le vent les balance entre les perches & les poutres où elles sont attachées. Souvent aussi elles frémissent quand le choc des vents contraires agit sur elles avec violence; on diroit alors que l'on déchire des feuilles de papier. On peut aisément s'assurer de cette vérité quand il tonne. Le bruit des nues ressemble d'autre fois à celui que font les vents, quand par leur souffle impétueux, ils agitent les vêtements suspendus. Il arrive aussi quelquefois que les nues opposées ne pouvant se choquer de front, sont obligées de biaiser par les différents mouvements qu'elles recoivent, & qu'ainsi ne pouvant se frapper que de côté, elles sont la cause d'un son aigu qui vient frapper les oreilles & qui dure jusqu'à ce qu'il puisse s'échapper de l'espace étroit où il est renfermé.

Il semble aussi souvent que toute la nature soit ébranlée par un grand coup de tonnerre; on diroit que les vastes bornes de l'univers vont s'écrouler dans les abîmes immenses du vuide, quand ces vents irrités se resserrant, s'enveloppent dans les nues, & qu'augmentant la rapidité du tourbillon où ils sont renfermés, ils rassemblent autour d'eux les nuages épars de tous côtés, de maniere que redoublant ensuite leurs efforts pour trouver une issue, ils forcent les nuages avec impétuosité & produisent par leur sortie le bruit effrayant qui répand partout la terreur. Ce qui ne doit pas nous surprendre, si nous considérons que souvent une petite vessie pleine de vent, éclate avec un très-grand bruit, quand on la presse trop fortement.

Il y a aussi une raison pour laquelle les vents font entendre du bruit, quand dans leurs cours ils poussent les nuages ; car ces mêmes nues semblables aux branches des arbres, sont éparses de côté & d'autre dans l'espace de l'air, & les vents font à leur égard la même chose que le vent de bise quand il souffle dans une forêt épaisse ; les feuilles des arbres font entendre leurs frémissements ; leurs branches en se choquant répandent tout alentour un très-grand bruit, quelquefois aussi le vent, à cause de sa trop grande violence, brise & sépare la nue par le milieu. On peut juger de ses efforts dans les airs par ce qui se passe sur la terre, où son action étant resserrée, il ne laisse pas cependant d'abbattre & d'enlever les arbres les plus forts & les plus enracinés.

Les nues forment souvent des especes de vagues, & elles font le même bruit que les eaux d'un grand fleuve ou de la mer qui se haussent par le flux, & dont les flots se brisent avec murmure les uns contre les autres. Il peut arriver aussi que si la foudre, en se précipitant de nuage en nuage, en rencontre qui soient plus humides les uns que les autres, il en résulte incontinent un bruit semblable à celui d'un fer chaud, qu'on tireroit d'une fournaise ardente pour le plonger sur le champ dans l'eau froide. Si la foudre au contraire pénetre dans des nues plus seches, elles s'embrasent, brûlent & éclatent aussitôt de toutes parts avec beaucoup de fracas, semblable à la flamme qui étant agitée par le vent, embrase les lauriers qui couvrent les montagnes; car rien n'approche du son éclatant que rendent les lauriers de Delphes consacrés à Apollon, lorsque le feu les consume.

Enfin, l'on voit souvent que l'orage & la tempête, fortifiés par le froid & par la grêle font un bruit éclatant parmi

parmi les nuages épais, qui ayant été entassés par le vent, s'ouvrent enfin & se rompent pour décharger sur la terre des torrents de pluie & de grêle.

De même l'éclair se forme par le choc des nues qui en se heurtant les unes contre les autres, font naître beaucoup de semences de feu; comme un caillou quand il est frappé par un autre caillou ou par de l'acier, car il en sort aussitôt une lumiere brillante, & les étincelles de feu réjaillissent de toutes parts, mais le bruit du tonnerre ne se fait entendre qu'après que l'on a vu l'éclair; parce que les objets de l'ouïe agissent toujours avec beaucoup plus de lenteur que ceux de la vue. On peut encore s'assurer de cette vérité, quand de loin on apperçoit un homme qui abbat un arbre avec une coignée; l'action du coup nous est sensible, avant que le bruit ne se fasse entendre à nos oreilles; ainsi l'éclair se fait voir plutôt que le tonnerre ne se fait entendre, quoique la cause de l'un & de l'autre soit semblable, & qu'ils naissent tous deux en même-temps.

Il arrive aussi souvent que ces nuages noirs & épais teignent d'une lumiere rapide tous les lieux d'alentour, & que l'orage porte par-tout avec vîtesse la flamme ondoyante des éclairs, lorsque le vent s'empare de la nue, & qu'il la rend concave en faisant épaissir les bords. Il l'embrase alors par la vîtesse de son mouvement, ainsi que nous voyons que toutes les choses s'enflamment en tournant avec une très-grande rapidité, & que même une balle de plomb se fond dans une longue course, quand elle est poussée avec une extrême vîtesse; de même le vent embrasé au milieu de ce nuage épais qui le renferme, s'ouvre tout-à-coup un passage, & répand les semences de feu qu'a fait naître la rapidité de son mouvement, & forme ces éclairs étincelants qui éblouissent la vue; le tonnerre ne se fait entendre qu'après; car le bruit du son est beaucoup moins prompt à se faire sentir que l'éclat de la lumiere, & ces effets n'arrivent ordinairement que dans des nuages amoncelés les uns sur les autres avec une vîtesse surprenante.

Ne soyez point étonné de ce que les nuages vous paroissent avoir plus de largeur & d'étendue vers la terre, qu'ils ne semblent avoir de hauteur & d'épaisseur vers le ciel ; car si vous les regardez lorsque les vents les poussent de côté & d'autre dans l'espace des airs, ou lorsque semblables à des montagnes, ils sont accumulés les uns sur les autres, les nues les plus hautes pressent les plus basses. Que les vents soient tranquilles, c'est alors que vous pourrez distinguer ces masses énormes & leurs cavités profondes, qui ressemblent à d'horribles cavernes taillées dans le roc, où lorsque la tempête fait entendre son murmure menaçant, les vents déchaînés pénetrent les cavités profondes de ces nuages, où étant ensuite renfermés, ils mugissent avec fureur : semblables à des bêtes farouches qui seroient enchaînées, ils font sentir leurs frémissements dans le sein des nuages ; ils tournent de tous les côtés pour chercher quelque issue, attirent toutes les semences de feu qu'ils rencontrent, les forcent de suivre les mouvements de leur cours, & portent conjointement avec eux la flamme dans les cavités de ces nuages embrasés, jusqu'à ce que la nue étant forcée de s'ouvrir, les éclairs font briller leur lumiere de toutes parts.

La caufe qui fait defcendre avec une fi extrême rapidité les éclairs fur la terre, peut encore venir de ce que les nues renferment dans l'affemblage de leurs parties une grande quantité de femences ignées; de forte qu'étant alors privées de toute humidité, il n'eft pas étonnant qu'elles répandent une lumiere vive & éclatante: les nues doivent auffi recevoir beaucoup de particules ignées, par la réflexion de la chaleur & de la lumiere du foleil, de forte qu'elles doivent s'enflammer & faire éclater de toutes parts ces feux brillants que nous voyons, fur-tout lorfque le choc des vents les contraint de fe réunir en maffe, les refferre dans un même lieu, car alors les femences de feu que ces nues renferment, preffées par l'action du vent, font obligées de fortir en grande quantité du fein des nuages, & elles forment ces flammes colorées qui brillent & éclatent à nos yeux fur la terre.

On apperçoit auffi des éclairs, lorfque les nues se raréfient ; car, lorsqu'elles parcourent l'espace des airs & que le vent en les poussant légérement de différents côtés, les sépare, il faut que la matiere ignée qui forme l'éclair, tombe & éclate de toute nécessité, parce qu'elle ne peut plus être contenue au-dedans des nuages; mais les éclairs alors brillent sans faire aucun bruit, & ils ne sont pas suivis de l'effroi du tonnerre.

On peut connoître facilement la nature de la foudre par ses effets : la violence de ses coups, les lieux brûlés par ses vapeurs ardentes, les traces funestes qu'elle laisse après elle, la forte odeur du soufre qu'elle répand, sont des signes certains qu'elle n'est point composée de vent ou de pluie; mais qu'il n'entre que du feu dans ses élémens. La foudre embrase dans l'instant par sa propre puissance les combles des palais les plus élevés; sa flamme rapide exerce son action avec une vitesse incroyable, parce que la matiere du feu qui la compose, est plus active que celle de tout autre feu, & qu'elle est formée d'élémens si déliés, si mobiles que rien ne sau-

H iij

roit lui-résister. La foudre pénetre au travers les murailles & les lieux fermés, de même que le bruit & la voix; elle traverse les rochers & le bronze; un seul instant lui suffit pour fondre l'airain & liquéfier l'or. Le tonnerre consume & dissipe en entier le vin qui est contenu dans les vaisseaux, sans les endommager en aucune façon, parce que sa chaleur dilatant avec une merveilleuse promptitude les parois du tonneau, à mesure qu'il s'y insinue, il fait évaporer la liqueur avec une vitesse qu'on ne sauroit imaginer : effet que la chaleur du soleil ne pourroit produire, même dans le plus long espace de temps, tant la foudre a d'action & de puissance, & tant ses feux ont d'agilité & de mobilité.

Je veux maintenant vous faire connoître en peu de mots comment la foudre se forme, comment elle peut par l'effort de sa chûte s'ouvrir un passage au travers les tours les plus solides, détruire les maisons de fond en comble; arracher les poutres, les solives; abbattre les superbes monuments des héros, tuer sans distinction les hommes & les animaux, & faire enfin une infinité d'autres choses semblables.

La foudre ne prend naissance que dans les nuages les plus épais, amoncelés les uns sur les autres. Jamais elle ne se forme dans un ciel serein, ni même dans les parties du ciel où les nuages sont en petit nombre. L'expérience nous confirme cette vérité, lorsque les nuages se rassemblent de toutes parts dans les airs ; car alors on diroit que toutes les ténebres de l'Achéron sont sorties en foule pour se répandre dans les vastes cavités des cieux: une obscurité profonde couvre toute son étendue, il ne paroit sur nos têtes que des spectres & des figures épouvantables qui sont les funestes avant-coureurs des foudres que la tempête va faire éclater sur la terre. Souvent d'ailleurs cet amas de nuages noirs & épais qui couvrent la mer, fond dans les ondes avec tant de violence qu'on croiroit qu'un fleuve de poix noire se précipite du ciel; il s'étend au loin & remplit tous les lieux d'alentour d'épaisses ténebres, en attirant avec lui sur la terre une tempête furieuse accompagnée d'orage;

de tonnerres, d'éclairs, de vents, de tourbillons qui impriment tant d'effroi & de crainte aux hommes, qu'ils fuyent de toutes parts & cherchent un abri pour se mettre à couvert. L'orage qui se forme sur nos têtes doit avoir beaucoup de profondeur dans le ciel; car les nuages ne pourroient point couvrir le monde d'une obscurité si considérable, s'ils n'étoient accumulés les uns sur les autres, & en assez grande quantité pour nous dérober la lumiere du soleil. Ils ne pourroient pas répandre ces pluies abondantes qui font souvent déborder les rivieres, grossir les torrents & inonder les campagnes, si le ciel n'étoit rempli à une très-grande profondeur de nuages amoncelés les uns sur les autres. Les vents & les feux sont donc répandus dans tout l'espace de l'air, c'est ce qui fait que le ciel en courroux lance de toutes parts des foudres & des éclairs; car les nues, comme je vous l'ai déja dit, contiennent dans leur concavité nombre de semences ignées, elles doivent en recevoir beaucoup de la lumiere & de la chaleur du soleil; de sorte que si le vent rassemble en masse ces nuages, dans quelque lieu que ce soit, il contraint par cette condensation la matiere ignée qui y est contenue d'en sortir, il se mêle aussi lui-même avec le feu, il s'insinue dans la profondeur de la nue, il roule, tourne avec rapidité & forme de la nue un tourbillon embrasé où se préparent les foudres & les éclairs; car ce tourbillon s'enflamme promptement, tant à cause de son extrême mobilité qu'à cause de la chaleur & du feu qu'il reçoit continuellement. Alors le vent qu'il contient ayant pris toute la chaleur qui lui est nécessaire, la foudre étant tout-à-fait formée, force la nue dans l'instant, & en sort avec impétuosité. L'air brille alors de toutes parts; les éclairs se succedent avec vîtesse, & le tonnerre gronde avec un bruit si épouvantable que l'on croiroit que les voûtes des cieux vont s'écrouler sur la terre. La frayeur s'empare de l'esprit des mortels; les coups terribles du tonnerre se font entendre dans tout le ciel; le bruit de la tempête semble avoir ébranlé les murs du monde; l'orage est suivi d'une pluie terrible, qui tombe avec une si grande abondance que tout le ciel semble se convertir en torrents: on croiroit qu'un déluge universel va couvrir la surface de la terre, tant les nues se brisent avec un murmure effrayant, lorsqu'elles sont déchirées par le vent & par la foudre qui s'y forme.

Quelquefois aussi l'action impétueuse du vent s'exerce extérieurement sur des nuages épais, où la foudre est déja formée & prête d'éclater; alors le tourbillon s'entr'ouvre, la matiere embrasée tombe sur la terre, & porte son ravage dans tous les lieux qu'elle parcourt. Il peut arriver encore que le vent fendant l'air avec violence, sans être mêlé à aucune particule de feu, ne laisse pas de s'enflammer par la longueur de sa course, parce qu'alors il perd dans sa route plusieurs corps de son assemblage, qui à cause de leur grandeur ne peuvent pénétrer l'air, & qu'il y a en d'autres plus petits qu'il tire de l'air, lesquels se réunissant à lui, font naître la flamme & le feu par la rapidité de leur mouvement; de même qu'une balle de plomb lancée avec une fronde par un bras nerveux, s'enflamme par l'espace qu'elle parcourt, & perd les éléments de froid qu'elle contenoit dans l'assemblage de ses parties.

Ainsi le vent quoique froid par sa nature, peut exciter de la chaleur; car lorsqu'il se porte avec impétuosité sur la terre, il sort des principes de chaleur, tant de lui que de la chose qui reçoit son action ; de même que lorsqu'on frappe un caillou avec du fer, il en sort des étincelles de feu, la froideur du métal n'empêche pas que les éléments intérieurs de ces étincelles brillantes ne se présentent incontinent sous les coups. Ainsi donc la foudre doit communiquer sa flamme à tout ce qui est capable de la recevoir, & il ne faut pas croire que le vent soit d'une nature froide ; car si, lorsqu'il descend avec impétuosité des nuages élevés sur la terre, il ne s'embrase pas dans sa course, il doit au moins s'échauffer & se tempérer par quelques semences de feu.

La rapidité du tonnerre, la force de ses coups, sa vîtesse étonnante, viennent de ce qu'étant renfermé dans le sein de la nue, toutes ses forces se trouvent ainsi réunies, & que sa chûte précipitée augmente encore son activité; car lorsque la nue ne peut plus le contenir, le tourbillon s'entr'ouvre, la foudre vole avec une rapidité si merveilleuse que la vitesse des traits que lancent les machines de guerre, ne peut être mise en comparaison avec elle. Considérez d'ailleurs que la foudre est composée d'éléments extrêmement petits & polis, que rien ne peut former obstacle à la vîtesse de leur mouvement; ils pénetrent & s'insinuent au travers de tous les corps; les chocs, les résistances ne sauroient les détourner de leur direction; ils volent & pénetrent par-tout avec une vîtesse surprenante.

D'ailleurs ne sait-on pas que tous les corps tendent nécessairement en bas par leur propre pesanteur, & que par conséquent si cette pente naturelle est augmentée par une impulsion extérieure, la vîtesse du mouvement doit accroître; son action devient plus vive, & ils doivent frapper avec encore plus de force & de violence tout ce qui s'oppose à leur passage : tous les corps enfin qui descendent avec un mouvement rapide, doivent nécessairement accroître leur vîtesse, augmenter leurs forces ; leurs chocs doivent être plus violents, plus rapides ; car alors toute la matiere qui les compose étant réunie & resserrée, doit se porter dans le même lieu qu'eux, sans s'écarter en aucune façon de leur direction, & son action doit augmenter par l'effort de sa course. Peut-être aussi que l'air que la foudre traverse, lui communique certains corps qui doivent accroître son activité par leur impulsion. La foudre penche & passe au travers de nombre de choses sans les endommager, parce qu'étant formée d'une matiere très-déliée, elle peut s'échapper facilement par les pores des corps qui favorisent son essor ; mais il y en a d'autres qu'elle brise, quand la tissure serrée de leurs parties s'oppose à son passage. Au reste elle dissoud l'airain, le bronze, le fer ; elle liquéfie l'or, parce que sa force consiste dans les éléments très-petits, dans les principes actifs & déliés qui la composent, lesquels s'insinuant avec une extrême vîtesse dans ces métaux, rompent tous les nœuds qui les joignent ensemble, & séparent tous les liens de leur tissure intérieure.

C'est sur-tout en automne & au printemps, quand les fleurs commencent à s'épanouir, lorsqu'une verdure agréable pare les campagnes, que la terre & le ciel sont le plus souvent ébranlés par les coups du tonnerre & de la foudre; car en hiver il y a très-peu de chaleur; en été les vents n'ont qu'un souffle très-modéré, les nues ne sont pas accumulées les unes sur les autres en aussi grand nombre pour donner naissance au tonnerre; mais quand les saisons tiennent le milieu entre le froid & le chaud; toutes les causes concourent alors à sa formation, parce que le passage des saisons opposées fait un mélange convenable de froid & de chaud également nécessaire pour produire la foudre, exciter les tempêtes, troubler la douce température de l'air, & faire naître des ouragants furieux accompagnés d'éclairs & de tonnerre.

Lorsque nous sentons les premiers traits de la chaleur & que les rigueurs du froid cessent, c'est alors l'agréable saison du printemps; il est donc nécessaire que ce mélange inévitable de saisons si différentes lutte entre elles avec violence, & que de leurs efforts il naisse du trouble & du désordre. Mais quand les dernieres chaleurs de l'été se confondent avec les premiers froids de l'hiver, c'est alors la saison de l'automne & le moment où les rigueurs de l'hiver combattent contre les ardeurs de l'été : nous pouvons regarder ces deux saisons comme le tems des guerres de l'année ; il ne faut donc point être étonné si elles sont propres à la production du tonnerre, si le ciel est si souvent troublé par des tempêtes, puisqu'il reçoit l'action de deux causes contraires, le mélange de la chaleur, des vents, de la pluie qui doivent nécessairement faire naître la foudre & les éclairs.

La recherche de tous ces effets donne la connoissance de la nature de la foudre. Elle est beaucoup plus sûre que tout ce qu'on pourroit en apprendre en feuilletant les livres des anciens Toscans, & en y recherchant inutilement des signes de l'obscure volonté des Dieux, comme par exemple, de tirer quelque augure du lieu où se porte le tonnerre, de sa direction à droite ou à gauche, de son action lorsqu'il pénetre dans des lieux fermés & qu'il en sort après avoir exercé son ravage, de ses terribles effets quand il tombe du ciel sur la terre. Si Jupiter en courroux & les Dieux peuvent ébranler les vents célestes par le bruit du tonnerre, s'ils peuvent lancer la foudre par-tout où il leur plaît; pourquoi ne la font-ils pas toujours tomber sur le scélérat chargé de crimes, que ne percent-ils son sein de ses feux dévorants, pour donner aux mortels un exemple redoutable? On voit souvent au contraire que l'innocent qui n'a jamais souillé sa conscience d'aucune mauvaise action, est percé des traits de la foudre qui l'embrase & le consume dans l'instant au milieu de la rapidité de sa course. Pourquoi d'ailleurs les Dieux permettent-ils que le tonnerre tombe aussi souvent dans les forêts & les lieux solitaires, & rendent-ils ainsi leur colere inutile? Est-ce pour exercer leurs bras à lancer la foudre avec plus de sûreté, ou pour fortifier leurs membres par cet exercice? D'où vient qu'ils permettent que les traits du maître des Dieux s'émoussent inutilement sur la terre? Pourquoi Jupiter le souffre-t-il lui-même ? Que ne reserve-t-il ces armes contre ses ennemis? Enfin pourquoi ne fait-il jamais entendre le tonnerre, quand le ciel est serein? Le maître des Dieux auroit-il besoin du concours des nues pour y placer le tribunal de sa justice, afin qu'étant plus près de la terre, il puisse foudroyer plus sûrement les objets de son courroux? Par quelle raison la foudre se précipite-t-elle souvent dans la mer; les flots sont-ils criminels? les Dieux veulent-ils les punir? Si c'étoit d'ailleurs leur intention que les mortels évitassent les dangereux effets de la foudre, que ne les mettent-ils à portée de s'en garantir quand elle part de leurs mains, & s'ils ont dessein au contraire de frapper tout-à-coup ceux qui ne s'y attendent pas, pourquoi leurs traits sont-ils toujours accompagnés d'éclairs, de tremblements, de ténebres, & partent-ils toujours des endroits du ciel d'où on les apperçoit? Jupiter seroit-il assez puissant pour lancer ses foudres dans plusieurs lieux en même-temps? car on ne peut s'empêcher de convenir que l'on n'ait souvent entendu gronder plusieurs tonnerres à la fois, & on ne peut douter que de même que la pluie tombe souvent dans plusieurs lieux à la fois, la foudre peut se faire entendre dans plusieurs endroits en même temps.

D'où vient que les lieux les plus élevés, les montagnes les plus hautes sont le plus souvent exposés à ses coups? Pourquoi les Dieux n'épargnent-ils pas au moins leurs propres temples, les lieux qui leur sont consacrés, leurs idoles, leurs statues mêmes? N'est-il pas contraire à la nature divine d'insulter ainsi à ses propres images & simulacres?

Ces choses au reste nous meneront à la connoissance du Prestere, que les Grecs ont ainsi nommé à cause des effets qu'il produit; elles nous feront connoître la cause qui le fait tomber du ciel dans les eaux de la mer. On l'a vu plus d'une fois se précipiter du ciel en forme d'une colonne, au tour de laquelle mugissoient les vagues irritées par l'impétuosité des vents. Les vaisseaux qui ne sont pas sur leur garde, éprouvent alors le danger le plus éminent : cela arrive lorsque le vent qui s'est insinué dans une nue, n'a pas assez de force pour s'ouvrir un passage, de sorte qu'alors il la presse de haut en bas, & la contraint de tomber du ciel dans la mer en forme de colonne. Mais au moment que la nue vient à se rompre, le vent qu'elle contient y exerce son action; il rend la mer orageuse. La nue forme alors un tourbillon qui descend en tournoyant dans les ondes, & qui force les nuages qui l'environnent à faire peu-à-peu le même mouvement; mais aussi-tôt que le tourbillon s'est précipité dans la mer, le vent qui y étoit renfermé en sort avec impétuosité, & se précipitant lui-même dans les flots, il excite, trouble, agite le sein des mers avec un bruit épouvantable. Quelquefois le tourbillon s'enveloppe lui-même dans des nuages, en réunissant la matiere qui les compose; il imite alors le Prestere dont nous avons parlé, car dès qu'il fend le nuage & se précipite sur la terre, il se dissipe dans l'instant, après avoir excité l'orage & la tempête. Rarement cet effet a lieu dans les campagnes, parce que les montagnes s'opposent à sa chûte par la hauteur de leur cime ; il arrive beaucoup plus souvent sur la mer, où rien ne lui fait obstacle, & où il peut en liberté troubler le calme des flots par sa chûte précipitée.

Les nues se forment sur nos têtes d'une multitude de petits corps qui se rassemblent tout-à-coup dans le vaste espace du ciel, & qui s'accrochent légérement entre eux, sans s'unir trop étroitement. Ce premier assemblage ne forme encore que des nues fort petites, mais comme il s'en forme un grand nombre de côté & d'autre, elles se joignent ensemble, se ramassent en masse, & grossissant d'une maniere sensible, elles obéissent à toutes les directions que le vent leur donne, jusqu'à ce qu'enfin la tempête éclate & se fasse entendre. Plus les montagnes élevent leurs cimes altieres vers le ciel ; plus elles nous paroissent couvertes de brouillards & enveloppées de nuages épais ; les nues ne sont d'abord formées que de petits corps qui ont entre eux peu de texture & d'union, elles ne deviennent sensibles que lorsque les vents les ont rassemblés & transportés sur la pointe des montagnes; c'est là qu'étant réunies, elles se pressent, s'accumulent en foule, on diroit qu'elles s'élevent du sommet de ces montagnes vers la haute région de l'air; la raison & la chose même nous le prouvent assez clairement, lorsque nous montons sur le sommet de quelques montagnes, car alors on peut juger que l'espace est toujours libre à l'action des vents.

Les vêtements étendus sur le rivage de la mer attirent beaucoup d'humidité; preuve nouvelle qu'il s'éleve continuellement de la surface des plages maritimes une grande quantité de corpuscules qui contribuent à étendre & à augmenter les nuages. Il s'éleve aussi de toutes les rivieres & descend même de la terre des vapeurs & des exhalaisons qui se portent dans les airs, où se joignant les unes aux autres, elles forment les nuages de la voûte éthérée & les ténebres qui couvrent la terre, lorsqu'elles sont rassemblées en grand nombre. La chaleur du ciel en passant & en condensant ces vapeurs, leur fait perdre l'éclat ordinaire de leur azur, & ces vapeurs étant sans cesse augmentées par une grande quantité d'éléments de la nature des nuages, & par les brouillards qui émanent continuellement de toutes parts, contribuent encore à fortifier les ténebres qui enveloppent la terre; car il ne faut pas oublier que les éléments de la matiere font innombrables, que l'étendue de l'univers n'a point de bornes, que les premiers corps fe meuvent dans le vuide avec une extrême mobilité, qu'ils parcourent dans un inftant des efpaces incompréhenfibles; il n'eft donc point étonnant que les ténebres & les tempêtes qui fe forment dans les airs, couvrent dans un inftant les plus hautes montagnes, des efpaces de terre & de mer très-confidérables, puifque les éléments pénetrent avec une extrême facilité par les cavités & les ouvertures que préfentent de toutes parts le ciel & l'univers entier.

Je vais à préfent vous apprendre comment les nues fe convertiffent en pluies, & comment la pluie fe précipite fur la terre. Il émane de la plupart des corps des particules aqueufes qui fe mêlent avec les nues, qui croiffent & augmentent avec elles, à-peu-près de la même maniere que le fang, la fueur & tous les autres liquides qui entrent dans la compofition des corps, croiffent, augmentent & fe développent avec lui. Nous ne doutons pas auffi que ces mêmes nues n'attirent beaucoup d'humidité des eaux de la mer, lorfque les vents les portent & les entraînent fur fa furface, comme fi c'étoit des flocons de laine qui fuffent fufpendus çà & là dans les airs. De même les rivieres, les lacs, les fleuves leur fourniffent une très-grande quantité de particules aqueufes, de forte que lorfqu'un grand nombre de ces particules humides feront réunies de toutes parts dans les airs par des routes différentes; alors les nuages preffés par l'action des vents répandent fur la terre les eaux dont ils font furchargés. Car d'un côté l'impétuofité des vents les contraint de fe refferrer; de l'autre l'abondance des vapeurs humides les preffe d'en haut & les oblige à tomber en gouttes de pluie. En outre fi quelque fouffle impétueux les force de fe raréfier, ou s'ils fe divifent par la force de la lumiere du soleil, il pleut auſſitôt, & les nuages humides ſe convertiſſent ſur le champ en gouttes de pluie, de même que la cire ſe fond dans l'inſtant à l'approche du feu. Mais quand les nuages amoncelés les uns ſur les autres, ſuccombent à leur propre poids & à l'impétuoſité des vents qui les preſſe, la pluie tombe alors avec une très-grande abondance; car la quantité d'eau de la pluie, ainſi que ſa durée, eſt proportionnée à la quantité de particules humides qu'il y a dans l'air, à la quantité de nuages qui ſe ſuccedent & s'entrelaſſent les uns ſur les autres, & à la quantité de vapeurs & d'exhalaiſons que la terre exhale de ſon ſein.

Quand le ſoleil fait briller ſa lumiere au travers des nues obſcures; quand il répand ſon éclat ſur les nuages épais qui lui ſont oppoſés, alors la nue qui réfléchit ſa lumiere, paroît peinte de mille couleurs différentes, & il ſe forme un arc brillant ſur la voûte du ciel. Enfin, tout ce qui naît dans les airs, tout ce qui y croît, tout ce qui ſe forme dans les nues, comme la neige, le vent, la grêle, la bruine,

le

le froid, la gelée qui glace les rivieres & les arrête dans leur cours, ont des caufes faciles à connoître, quand on les rapporte aux principes d'où elles dépendent.

Pour connoître la caufe des tremblements de terre, il faut fe former une idée de fes parties intérieures. La terre renferme au dedans des vents, des cavernes profondes, des lacs, des eaux dormantes & croupiffantes, des rochers entaffés pêle-mêle les uns fur les autres, un grand nombre de fleuves y roulent leurs eaux avec impétuofité, & entraînent dans leur cours les débris des rochers. On ne peut douter que la terre ne foit tant à fa furface que dans fon intérieur d'une ftructure entiérement femblable. Cela étant fuppofé, la terre doit trembler à fa furface, quand il fe fait des ruines au dedans de fa maffe, quand le temps détruit les vaftes cavernes que la nature y avoit formées; alors des montagnes entieres s'écroulent comme dans l'abîme, elles font trembler par leur chûte les lieux les plus éloignés, ce qui n'eft point étonnant, fi nous confidérons que fouvent un fimple chariot tiré par des chevaux vigoureux, ébranle toutes les maisons des rues par où il passe, par le bruit que fait le fer des roues sur le pavé. On voit aussi que lorsqu'une masse considérable de rochers se détache de la montagne & tombe avec fracas dans la mer ou dans un fleuve; l'eau en rejaillit avec impétuosité, & le terrein en tremble tout alentour. C'est ainsi qu'un tonneau ne cesse point ses mouvements que la liqueur qu'il contient ne soit tout-à-fait reposée. D'ailleurs lorsque le vent renfermé dans les cavernes souterreines se porte vers quelque côté, & qu'il presse avec beaucoup de force les voûtes profondes qui lui font obstacle, la terre s'ébranle par la violence de son action, les édifices les plus élevés qui sont à sa surface en tremblent. Plus même ils ont de hauteur, plus leur chûte est rapide & précipitée; alors les peuples frémissent, la crainte s'empare de tous les esprits, on se persuade que tout va rentrer dans l'abîme du cahos, & que le moment fatal de la destruction de tous les êtres est arrivé. Peut-on douter après les terribles exemples de tremblements de terre qui sont arrivés, que la nature n'ait un temps destiné pour sa destruction totale ? en effet, si les vents ne cessoient leurs souffles impétueux, rien ne pourroit s'opposer à la ruine entiere du monde : mais parce que leurs mouvements sont tantôt foibles, tantôt impétueux, que quelquefois les vents retiennent leur haleine, & que dans d'autres temps ils cédent aux efforts qu'ils rencontrent ; la terre, par ces mouvements opposés, menace plus souvent d'une ruine prochaine, qu'elle n'est réellement à redouter.

Il y a encore d'autres causes de tremblements de terre. Des vents furieux, soit qu'ils prennent naissance au-dedans de la terre, soit qu'ils s'y insinuent du dehors, peuvent se précipiter tout-à-coup dans les cavernes souterreines qu'ils rencontrent ; c'est là qu'ils font entendre le bruit impétueux de leurs frémissements, & que tournant de tous les côtés avec fureur, ils sont à la fin contraints par la rapidité de leurs mouvements de s'échapper de ces voûtes profondes, & ils forment dans leur sortie de vastes ouvertures qui font voir les abîmes que la terre renferme dans son sein. La ville de Sydon bâtie par les Tyriens, & celle d'Égire dans le Péloponèse, furent autrefois renversées tout-à-coup par de semblables secousses, que les vents renfermés dans la terre leur firent éprouver dans leur sortie. Nombres d'autres villes eurent le même sort ; plusieurs ont été englouties dans la mer avec tous leurs citoyens. Mais lorsque les vents n'ont point assez de force pour se faire passage au travers de l'épaisseur des terres, ils se dispersent de différents côtés & s'échappent par toutes les ouvertures qu'ils rencontrent : la terre alors s'ébranle par les efforts qu'ils font de toutes parts pour sortir ; elle en reçoit une sorte de frémissement, de même que lorsque la fievre se répand tout-à-coup dans les membres, elle excite un frisson dans tout le corps qui le fait trembler malgré nous. Les habitants des villes ont alors plus d'une allarme : ils craignent d'être écrasés par la chûte de leurs maisons ébranlées ; ils tremblent que la nature n'entr'ouvre les cavernes profondes de la terre, pour les engloutir pêle-mêle avec les décombres & les ruines de leurs maisons. La grandeur du péril les allarme tellement, que quoiqu'ils croyent que le ciel & la terre soient incorruptibles, qu'ils dureront éternellement, ils frémissent par la crainte que la terre ne se dérobe à l'instant sous leurs pas, & que tous les corps ne se précipitent avec la masse entiere de l'univers dans les abîmes du vuide, pour ne plus faire qu'un amas confus de toutes sortes de ruines.

Il faut maintenant rechercher la raison pourquoi la mer ne sort point de ses bornes. On est étonné que la quantité immense d'eau qu'elle reçoit de toutes parts ne l'augmente pas, & ne lui fasse point passer les limites que la nature lui a prescrites. On ne peut comprendre que tant de fleuves qui y ont leurs embouchures; tant d'orages, de tempêtes, de pluies qui se répandent sur sa surface; tant de fontaines qui y portent leurs eaux, ne la fassent point déborder. Si vous faites cependant attention à l'immense étendue des mers, vous ne serez plus étonné qu'elle ne sorte jamais de ses limites, puisque toutes ces causes ne peuvent pas plus contribuer à l'augmenter, que ne le pourroit faire une feule goutte d'eau. Le foleil d'ailleurs doit en attirer une grande quantité par fa chaleur, puifque l'on voit qu'il defseche affez promptement les étoffes mouillées qu'on expofe à l'action de fes rayons; & comme les mers font d'une étendue immenfe, la quantité d'eau que le foleil en enleve ne laiffe pas d'être fort confidérable, quoique l'évaporation foit infenfible dans chaque endroit. Les vents en emportent auffi beaucoup, puifque dans une feule nuit ils deffechent les chemins & enlevent l'eau qui couvre la furface des campagnes.

D'ailleurs je vous ai fait connoître que les nuages augmentent, groffiffent par les vapeurs qui s'élevent continuellement de la furface des mers; que ces nuages étant enfuite portés fur les ailes des vents, ils fe changent en pluie & retombent fur la terre. Enfin, parce que la terre eft d'une fubftance fort poreufe, & qu'elle forme les côtes de la mer en l'environnant de toutes parts, il faut que de même que l'eau des fleuves fe précipite dans l'océan, l'eau des mers à son tour pénetre dans l'intérieur des terres, s'y philtre, y dépose son sel, retourne à la source des rivieres, & forme de nouveau à la surface des continents terrestres, des ruisseaux, des sources d'une eau claire & limpide dans les mêmes canaux par où elle avoit déja passé auparavant.

Je vais vous parler maintenant des feux & des flammes que lance avec une si grande impétuosité la bouche effrayante du mont Etna. Il ne faut pas croire que ces matieres embrasées qui porterent autrefois le désordre & l'effroi dans les champs de la Sicile, aient pris leur origine dans le ciel, quoique l'air fût alors tellement rempli de vapeurs & de flammes étincellantes, que les peuples allarmés craignirent que la nature ne travaillât à la destruction totale du genre humain. Pour bannir ces vaines terreurs, il faut considérer la nature avec courage, porter des regards assurés sur la vaste enceinte du monde, se rappeller que la masse universelle des choses est infiniment étendue; considérer que la terre n'est qu'une très-petite partie de l'univers, & que l'homme n'est qu'un atôme sur ce globe qu'il habite : c'est en faisant ces réflexions qu'on cesse d'être dans l'admiration d'une infinité de choses.

On n'est point étonné qu'une fievre ardente se glisse dans les membres, ou que quelque maladie nous surprenne, que les pieds s'engourdissent tout-à-coup, qu'une douleur aiguë attaque les dents ou se jette sur les yeux, qu'un feu secret se répande dans l'intérieur de toutes les parties du corps, parce que l'on est persuadé que l'espace contient les principes de tous ces maux, que le ciel & la terre renferment en abondance les éléments qui peuvent faire naître & développer en nous les maladies. Il faut de même être persuadé que le vuide par sa nature & parce qu'il contient une multitude innombrable d'éléments de toute espece, fournit à cette même terre & au ciel la matiere qui forme les tremblements de terre, celle de ces tourbillons rapides qui parcourent dans un instant les mers & les campagnes, de ces feux qui sortent avec impétuosité des entrailles du mont Etna, de ces flammes étincelantes qui embrasent les voûtes célestes ; c'est le vuide aussi qui fournit la matiere de ces pluies abondantes qui tombent du ciel avec d'autant plus de violence, qu'il s'est amassé dans les nues une plus grande quantité de particules aqueuses.

Mais on m'objectera sans doute qu'on enfle trop le récit qu'on fait de ces orages & de ces incendies. C'est ainsi qu'un fleuve qui est à peine à quelque distance de sa source, paroît fort grand à celui qui n'en a point vu d'autre plus considérable. Un arbre, un homme ou tout autre objet paroîtroient de même d'une grandeur démésurée à celui qui n'en auroit jamais vu d'autres, quoique néanmoins toutes ces choses, en y comprenant même le ciel, la terre & la mer, ne soient rien à l'égard de la masse de l'univers & de l'étendue du vuide.

C'est maintenant que vous allez apprendre comment la flamme sort tout d'un coup avec fureur des fournaises brûlantes du mont Etna. Premierement l'intérieur du volcan n'est rempli que de rochers creux & de cavernes spacieuses; ces cavités profondes sont toujours pleines de vent & d'air; le vent s'y forme par l'agitation & le mouvement de l'air; lorsqu'il s'échauffe, s'enflamme, il communique sa chaleur aux rochers & à la terre dont il est environné; c'est alors qu'il jette avec impétuosité du feu & des flammes qui s'élevent & s'élancent au dehors par les soupiraux de la montagne; il roule & entraîne avec lui une fumée noire & épaisse; il fait voler de la cendre tout alentour, & lance dans l'air des pierres & des morceaux de rochers d'un poids souvent très-considérable. Pourriez-vous croire que ces effets peuvent venir d'une autre cause que du souffle impétueux des vents?

D'ailleurs les vagues de la mer viennent sans cesse se briser contre les racines de ce mont fameux, & lorsqu'elles se retirent, les vents se glissent par les cavités qui se communiquent par dessous la montagne, pénetrent jusques aux soupiraux qui forment l'ouverture de ce volcan; car on ne peut douter qu'ils ne profitent du reflux des eaux de la mer pour s'infinuer dans la montagne : alors ils fe referrent & fe précipitent au dehors en lançant des flammes, des maffes de rochers, & en faifant voler dans l'air des nuages de fable brûlant, parce que le vent qui fe précipite d'en haut par les coupes de la montagne, réuniffant fon action avec celui qui eft entré par le pied du volcan, augmente fon impétuofité & eft la caufe de tous les ravages qu'il exerce.

Il y a des phénomenes dans la nature auxquels il faut affigner plufieurs caufes pour en rendre raifon, quoiqu'il n'y en ait qu'une de vrai. Si de loin, par exemple, vous appercevez le cadavre d'un homme, vous ne pourrez dire le genre de fa mort fans en nommer plufieurs différents, car vous ne favez pas s'il n'a pas péri par le fer ou le froid, par la maladie ou le poifon, quoique de tous ces genres de mort il n'y en ait qu'un de vrai : cet exemple vous fera utile en plufieurs occafions.

Le Nil eft le feul fleuve de l'Égypte qui fe déborde régulièrement tous les ans : cette inondation fait la fertilité du pays ; elle arrive ordinairement dans le temps des grandes chaleurs, parce que c'est alors que les vents Étésiens, se précipitant des climats glacés du nord contre l'embouchure de ce fleuve, l'arrêtent dans son cours & font remonter ses eaux vers sa source. On ne peut douter que ces vents qui viennent des froides constellations du pôle du nord, ne s'opposent au cours de ce fleuve qui prend sa source dans les terres australes, dans ces climats brûlants où les hommes deviennent noirs & basannés par la chaleur excessive du soleil. Peut-être aussi que la mer agitée par les vents accumule une grande quantité de sable à l'embouchure du Nil, qui arrête son cours, détourne ses eaux & les fait déborder dans les campagnes. Ne se peut-il pas encore que les vents Étésiens qui viennent du nord, poussent & rassemblent les nuages vers les sources du Nil, lesquels s'agitant & se pressant sur les hautes montagnes du midi, se convertissent en pluie & sont forcés de descendre sur la terre par leur propre pesanteur. Enfin ne peut-il pas arriver que ce fleuve s'enfle des neiges fondues sur les plus hautes montagnes des Ethiopiens par la force des rayons du soleil.

Je vais à préſent vous parler de la nature des lacs & des lieux de l'Averne. On les nomme ainſi parce qu'ils ſont funeſtes à tous les oiſeaux qui s'expoſent à voler ſur leurs bords. Ils perdent auſſitôt leur agilité ; leurs aîles ne peuvent plus les ſoutenir dans les airs, & ils vont tête baiſſée ſe précipiter ſur la terre ou dans l'eau, ſuivant la nature du lieu. C'eſt ce qu'on voit proche de Cumes & du Mont Véſuve, où il y a des fontaines qui fument continuellement & qui répandent au loin leur vapeur meurtriere. De même on trouve ſur l'endroit le plus élevé de la fortereſſe d'Athenes, proche le temple de Pallas, un lieu où les corneilles n'oſent jamais approcher. La fumée qui s'éleve des autels de la Déeſſe n'eſt pas même capable de les attirer; ce n'eſt pas qu'elles appréhendent ſa vengeance, comme l'ont fauſſement avancé quelques Poëtes, mais c'eſt que la nature de ce lieu eſt telle qu'il contient des principes qui leur ſont nuiſibles & mortels. On dit pareillement qu'il y a dans la Syrie un endroit où les animaux quadrupedes ne font pas plûtôt entrés qu'ils tombent auſſitôt par terre, comme s'ils venoient d'être immolés aux Dieux du Tartare. Ces effets merveilleux n'ont cependant rien de furnaturel, & puiſque nous pouvons connoître leurs cauſes, pourquoi donc s'imaginer que l'entrée du Tartare ſoit plutôt en ces lieux que toute autre part, & que c'eſt de là que les Dieux du ſombre empire contraignent les ames des morts à deſcendre ſur les rives de l'Achéron, de même que l'on dit que les cerfs attirent par le ſouffle de leurs narines les ſerpents de leurs retraites obſcures. Mais vous allez juger par l'explication que je vais vous donner de toutes ces choſes, combien tout ce qu'on en dit eſt contraire à la vérité & à la ſaine raiſon.

La terre, comme je vous l'ai déja dit, renferme dans ſon ſein des éléments & des corps de différentes figures, propres à former toutes les choſes. Les uns conviennent à la vie & à la conſervation de l'homme, d'autres contribuent à lui donner des maladies & avancent le temps de ſa deſtruction. Beaucoup de choses sont plus convenables à de certains animaux qu'à d'autres à cause de leur nature, de leur composition différente, & parce que les formes des principes sont aussi très-différentes. De ces principes les uns sont contraires à l'ouïe, d'autres à l'odorat : il y a aussi nombre de corps qu'il faut éviter de toucher, de voir, de sentir, parce qu'ils causent des impressions désagréables sur les sens. La nature a donné à certains arbres une ombre si dangereuse, qu'ils donnent, à ce qu'on assure, de puissants maux de tête à ceux qui ont l'imprudence de se reposer sous leurs feuillages. Il croît un arbre sur le mont Parnasse dont la fleur est si pernicieuse qu'elle est capable de faire mourir celui qui en respire l'odeur. C'est des entrailles de la terre que naissent ces funestes effets par le mélange des éléments différents qu'elle contient. Une chandelle allumée qu'on éteint sur le champ, répand une odeur très-insupportable ; celle de la castorée fait évanouir les femmes dans leur temps critique ; cette odeur est si forte qu'elle les fait tomber en foiblesse, & on voit tomber de leurs mains délicates leurs fuseaux & leurs navettes sans qu'elles s'en apperçoivent. Il y a encore beaucoup d'autres principes qui, en s'insinuant dans les différentes parties du corps, les rendent foibles & languissants, & attaquent jusques aux éléments de l'ame & de l'esprit.

Lorsque l'on est dans le bain, si l'eau est plus chaude & plus abondante qu'il ne faut, l'on est exposé à tomber en foiblesse, le charbon allumé exhale des particules meurtrieres qui se portent au cerveau, si l'on n'a pris auparavant la précaution de boire beaucoup d'eau, la fievre s'est à peine insinuée dans les membres, que l'odeur même du vin nous devient insupportable. L'on voit aussi que le souffre se forme dans la même terre où s'engendre la mauvaise odeur du bitume : ceux enfin qui sont condamnés au travail des mines, qui recherchent avec le fer les veines d'or & d'argent que la terre renferme, ne sont-ils pas exposés à respirer les plus dangereuses exhalaisons ? Ces métaux précieux exhalent des vapeurs meurtrieres qui leur causent beaucoup de mal, la plupart ont des visages pâles & blêmes, leurs forces s'affoiblissent en peu de temps, & les malheureux condamnés à ces pénibles travaux périssent au bout de quelques années, ces vapeurs meurtrieres naissent dans la profondeur de la terre, elles s'exhalent au dehors & se répandent ensuite dans les airs.

C'est ainsi que les lieux de l'Averne répandent dans l'air les vapeurs mortelles qu'ils tirent de la terre, les oiseaux qui s'exposent à voler sur leurs bords, sont saisis par la malignité de ce poison actif, ils sont contraints de se laisser aller vers le lieu d'où naissent ces exhalaisons, & ils n'y sont pas plutôt tombés qu'ils perdent aussitôt la vie par la force de ce poison. D'abord ils n'en sont qu'étourdis, mais lorsqu'ils sont tombés dans ces fontaines empoisonnées, ils sont obligés de rendre l'ame avec la vie, par la quantité du poison qu'ils avalent & qu'ils respirent.

Il se peut encore que les vapeurs de l'Averne chassent l'air qui est entre les oiseaux & la terre, de sorte que cet espace reste presque vuide, & que dès l'inſtant que les oiſeaux y ont pris leur vol, leurs ailes leur deviennent inutiles, parce qu'elles ne peuvent les ſoutenir dans un eſpace vuide d'air, & qu'étant contraints de tomber ſur la terre par leur propre peſanteur, leur ame s'échappe & ſe diſperſe dans le vuide en pénétrant tous les pores de leur corps.

L'eau des puits devient froide en été, parce que toutes les parties de la terre ſe raréfient par la chaleur, & qu'en ſe dilatant, elles laiſſent un libre paſſage à tous les éléments de chaleur qu'elle contient. Ainſi plus la terre eſt pénétrée par la chaleur à ſa ſurface, plus l'eau qu'elle renferme dans ſon intérieur, doit être froide; au contraire, quand elle eſt reſerrée par le froid, cette condenſation empêche la chaleur de ſe diſſiper, & l'eau des puits doit être alors plus chaude.

Il y a une fontaine auprès du temple de Jupiter Ammon, qui fait l'admiration de tous les hommes; on dit qu'elle eſt froide le jour & chaude la nuit. Le peuple en donne pour raiſon que, lorſque les voiles de la nuit ſe ſont répandus ſur l'horizon & que le soleil parcourt l'autre hémisphere, il passe sous cette fontaine, & qu'il l'échauffe alors par la force de ses rayons. Cette explication est assurément bien contraire à la vérité ; car comment se pourroit-il que le soleil qui n'a pas la force de l'échauffer, lorsqu'il darde à plomb ses rayons sur la surface découverte, pût lui communiquer de la chaleur au travers de l'épaisseur de la terre, lui qui peut à peine pénétrer & échauffer les lieux qui sont fermés.

La cause de cet effet surprenant vient de ce que la terre qui environne la fontaine, est beaucoup plus dilatée dans cet endroit que par-tout ailleurs, & qu'elle contient beaucoup de particules ignées qui sont voisines de l'eau ; ainsi lorsque la nuit enveloppe la terre de ses ombres humides, que cette même terre se réfroidit à sa surface, que ses parties se condensent, elle exprime alors & répand dans l'eau toutes les semences de feu qu'elle contient, comme si on la pressoit avec la main ; & ce sont ces particules de feu qui communiquent de la chaleur à la fontaine. Mais dès l'instant que le soleil reparoît sur l'horizon, il dilate la terre de nouveau par l'impression de ses rayons ; les principes de feu reprennent leur premiere situation, & toute la chaleur de l'eau rentre dans la terre ; & c'est pourquoi cette fontaine devient froide pendant le jour. Ajoutez encore que l'eau étant dilatée & raréfiée par l'ardeur du soleil, toutes les particules de feu qu'elle contenoit doivent se dissiper, de même que nous voyons dans d'autres temps que la glace se fond & se résoud en eau par la chaleur du soleil.

On trouve encore une autre fontaine qui fait jetter sur le champ des étincelles & des flammes aux étoupes qu'on y plonge. Les flambeaux s'y allument quelque soit la direction du vent qui les entraîne sur les eaux. La raison en est que l'eau de cette fontaine coulant beaucoup d'éléments de chaleur qui s'élevent sans cesse du fonds à la surface, & cherchent des issues pour se dissiper dans les airs ; ces éléments n'ont point assez de force par eux-mêmes pour échauffer l'eau, ils la traversent avec rapidité ; ils se réunissent à sa surface, de la même maniere qu'une fontaine d'eau douce qui jaillit au milieu de la mer, conserve la pureté & la douceur de ses eaux, en réunissant ses parties & en ne se mêlant point avec celles qui l'environnent. Les matelots altérés trouvent de ces fontaines salutaires dans plusieurs endroits de la mer. C'est ainsi que ces atômes de feu qui s'élancent au travers de la fontaine, embrasent les étoupes, & lorsqu'ils s'y sont rassemblés ou qu'ils se sont attachés à la mêche d'un flambeau, ces corps brûlent avec d'autant plus de facilité que la matiere qui les compose, est elle-même en grande partie formée d'éléments de chaleur. Ne voit-on pas aussi que lorsqu'une lumiere vient de s'éteindre, elle se rallume dans l'instant si on l'approche d'une autre lumiere, quoiqu'elle ne la touche pas? Il en est de même du flambeau & de beaucoup d'autres corps qui s'allument & s'enflamment lorsqu'on les approche du feu, sans qu'ils le touchent immédiatement. On peut aisément se persuader la même chose de la fontaine dont nous venons de parler.

Je vais maintenant vous parler de

la pierre d'aimant que les Grecs appellent Magnétique, parce qu'elle est produite sur les confins de la Magnésie; je vous expliquerai la propriété singuliere qu'elle a d'attirer le fer. Cette pierre est bien digne de notre admiration, puisqu'on la voit quelquefois former une chaîne de plusieurs anneaux suspendus les uns aux autres par sa seule vertu; il y en a quelquefois jusqu'à cinq de suite & même davantage, on les voit flotter dans l'air unis ensemble par la vertu invisible de cette pierre, qui se communique du premier au second, & ainsi de suite. Mais avant que de vous rendre raison d'un effet aussi singulier, il faut établir beaucoup d'autres choses & nous écarter pour un moment de notre objet. Premiérement il faut que vous conveniez qu'il se fait une émanation continuelle de tous les corps; l'impression que la plupart font sur la vue nous en rendent témoignage, les odeurs s'écoulent sans cesse de certains corps, la chaleur vient du soleil, le froid des rivieres, la mer par son mouvement de flux & de reflux, & par la qualité de ses eaux mine peu à peu les bâtiments qui sont sur ses bords, des sons différents se portent sans cesse dans l'air; enfin quand nous nous promenons sur le rivage de la mer, nous sommes affectés par des particules ameres & piquantes qui en émanent sans cesse, & lorsqu'on broye de l'absinthe devant nous, elle nous fait part de son amertume, tant il est vrai qu'il se fait une émanation continuelle de tous les corps, ce dont nous ne pouvons douter, puisqu'en tout temps nous pouvons exercer nos sens, & que nous avons toujours la liberté de voir les objets, d'entendre des sons, & de respirer les odeurs qui nous plaisent.

Il faut encore que je vous rappelle ici qu'il entre du vuide dans la composition de tous les corps. La connoissance de cette vérité est fort importante pour l'objet que je me propose de vous expliquer. Nous sommes assurés que les cavernes, les pierres, les rochers contiennent des particules humides qui distillent en gouttes d'eau. On voit sortir de la sueur de toutes les parties du corps; la barbe croît au menton; de petits poils couvrent tous nos membres; l'aliment qui fe diftribue dans nos veines fe porte jufques aux ongles & aux autres extrêmités du corps, qu'il nourrit & développe. Le chaud, le froid pénétrent l'airain, les vafes d'or & d'argent, nous nous en appercevons lorfque nous touchons quelque vafe rempli d'une liqueur froide ou chaude avec la main.

La voix perce les murailles; l'odeur, le froid, les chaleurs les pénétrent de même; fouvent la cuiraffe la plus épaiffe n'eft point impénétrable aux coups qu'on nous porte du dehors, elle ne fauroit nous garantir de la mort; la tempête qui s'eft formée dans le ciel ou fur la terre, retourne aux lieux où elle a pris naiffance; tant il eft vrai que tous les corps font compofés de parties plus ou moins unies qui peuvent aifément les pénétrer. Ajoutez encore à cela que toutes les particules qui émanent des corps, ne font pas douées des mêmes qualités & ne produifent pas les mêmes effets, par la difpofition qu'ils ont avec beaucoup de chofes. Le foleil feche & refferre les parties de la terre

terre des mêmes rayons avec lesquels il rompt la glace & fond la neige des montagnes ainsi que la cire qu'on expose à sa chaleur. Le feu fait couler l'airain, dissoud l'or, mais il racourcit le cuir & resserre les parties qui composent la chair. L'eau durcit le fer qu'on vient de tirer du feu & par un effet contraire, elle amollit les chairs & le cuir que la chaleur a resserré. L'olivier est un aliment délicieux pour les chevres, c'est pour elles le nectar & l'ambroisie, cependant il n'y a point au goût de l'homme d'arbre dont les feuilles soient plus ameres. Les cochons fuyent la marjolaine, ils craignent toutes les sortes d'odeurs, les parfums qui nous font les plus agréables, sont pour eux des poisons pernicieux; la fange, la boue au contraire font leurs délices, & ils se plaisent à s'y vautrer continuellement.

Continuons encore à développer ce qui peut contribuer à nous faire connoître la cause de l'aimant. Les divers corps étant composés d'une multitude de pores différents, doivent être dissemblables entre eux; ils doivent chacun avoir leur nature & leur structure particuliere ; tous les animaux sont doués de sens différents avec lesquels chacun d'eux reçoit & apprehende les choses qui leur conviennent. Nous voyons aussi que certaines parties sont destinées à recevoir le son ; d'autres les odeurs ; d'autres les saveurs : la pierre, le bois, l'or, l'argent, le verre sont pénétrés par des corps d'une nature différente ; la lumiere, les images passent au travers du verre ; la chaleur pénetre les pierres, & enfin les corps se pénetrent les uns les autres avec plus ou moins de facilité ; la nature différente des pores & des vuides dans chaque corps, forme, comme je vous l'ai dit ci-devant, toutes ces différences, suivant que leurs parties, leurs élémenss sont plus ou moins rapprochés. Si vous comprenez bien toutes ces choses il vous sera très-facile de connoître la cause de l'attraction du fer par l'aimant.

Premiérement il est nécessaire qu'il émane de la pierre d'aimant une quantité d'éléments ou de corpuscules qui par leur impression continuelle doivent chasser l'air qui se rencontre entre elle & le fer : aussitôt qu'il s'est formé un espace vuide, les particules élémentaires du fer s'y précipitent aussi-tôt, l'anneau les suit dans le même instant ; car vous remarquerez qu'il n'y a point de corps dont les parties aient plus d'affinité entr'elles que celles du fer. Il n'est donc point étonnant que lorsqu'il s'échappe quantité d'élémens de l'assemblage du fer, ils ne puissent se porter dans le vuide, sans que l'anneau dont ils font partie, ne les suive aussi-tôt, & c'est en effet ce qui arrive : l'anneau parcourt ce petit espace vuide avec une extrême vîtesse, jusqu'à ce qu'il ait atteint la pierre d'aimant auquel il s'attache par des liens invisibles. Cet effet a toujours lieu, soit à droite, soit à gauche, pourvu qu'il y ait un espace vuide ; toutes les particules de fer qui sont voisines de l'aimant, en sont attirées d'autant plus facilement, qu'elles reçoivent sans cesse l'impulsion du corps qui les environne. Sans cela elles n'auroient point assez de force pour s'élever d'elles-mêmes dans l'air : peut-être aussi que ce qui y contribue davantage, (car ce mouvement peut faciliter cet effet) vient de ce que l'air s'est raréfié au sommet de l'anneau, & que le vuide étant augmenté par cette raréfaction, il arrive alors que l'air qui est derriere le fer, le fait aller en avant par la force de ses impulsions; car on sait que le propre de la nature de l'air est de pousser tout ce qui l'environne; & le mouvement du fer est d'autant plus prompt qu'il trouve un espace vuide qui le reçoit, & que le même air dont je viens de parler, s'insinuant par ses pores, le pousse en avant, comme le vent feroit aller un vaisseau, lorsqu'il souffle dans ses voiles. Enfin tous les corps étant composés d'éléments plus ou moins serrés, doivent contenir quelques molécules d'air, puisque l'air environne les corps de toutes parts; de sorte que l'air qui est renfermé dans l'intérieur du fer, est toujours dans une sorte de mouvement: il fait sentir à l'anneau ses impressions réitérées, & il le porte vers l'endroit où il s'est déja dirigé, en lui faisant parcourir ce petit espace vuide.

Quelquefois le fer se retire de l'aimant, comme dans d'autres instants il s'en approche. J'ai vû moi-même des anneaux apportés de Samothrace & de la limaille de fer s'agiter & s'élever dans un bassin d'airain, sous lequel on avoit mis de l'aimant : il semble alors que le fer prenne plaisir à s'éloigner de cette pierre. Le bassin détruit leur attraction, parce que l'air s'étant emparé de tous les pores de l'airain, pénetre ensuite dans le fer, & que les corpuscules qui émanent de l'aimant, ne pouvant alors le traverser comme auparavant, lui font sentir les forces de leur impulsion; ils l'agitent au travers du bassin; ils le repoussent, quoique par leur nature & leur affinité l'aimant voudroit s'unir avec le fer.

Ne soyez point étonné que les corpuscules qui émanent de l'aimant, n'aient d'action que sur le fer ; la raison en est que la plupart des corps se soutiennent par leur propre poids comme l'or, & que d'autres sont composés d'éléments si peu serrés que les particules magnétiques peuvent les pénétrer, passer au travers sans les toucher, comme le bois, par exemple. Quand donc le fer est placé au milieu de l'airain & de l'aimant, & qu'il a reçu les émanations de ce premier corps, ceux qui s'exhalent ensuite de la pierre magnétique, l'agitent d'une façon merveilleuse. L'affinité du fer & de l'aimant n'est point si extraordinaire qu'on ne puisse faire voir beaucoup d'autres choses de cette nature. La chaux lie les pierres, la colle de bœuf serre si étroitement les parties des bois, qu'une table se rompra plutôt dans tout autre endroit que dans celui où elle a été collée; le vin se mêle avec l'eau, & ne s'unit point avec l'huile ni la poix, parce que l'une est trop légere & l'autre trop pesante. La couleur pourpre s'imprime si fortement dans la laine que rien ne peut jamais l'effacer, quand même on y employeroit toute l'eau de la mer; on peut aussi allier l'or avec l'argent, & l'étain avec le plomb. Je pourrois citer mille autres exemples semblables, mais à quoi bon tant de détails, ne perdons point de temps en paroles inutiles, il faut apprendre à connoître beaucoup de choses en peu de mots. Sachez donc que certains corps s'uniſſent, parce que leurs parties concaves s'adaptent avec les parties convexes, & que d'autres corps ne tiniſſent que par un écoulement de corpuſcules qui font l'effet de petits anneaux ou de petits crochets, comme cela arrive plus particuliérement à l'aimant & au fer.

Je vais vous parler à préſent de la cauſe de ces maladies affreuſes & de l'origine de ces fléaux épidémiques qui exercent un ſi cruel ravage ſur tout le genre humain & les animaux. Je vous ai fait connoître ci-deſſus qu'il y a nombre de principes qui ſervent au ſoutien & à la conſervation de la vie, & qu'il y en a une quantité d'autres qui ſont la cauſe des maladies & de la mort. Ces derniers, lorſqu'ils ſe diſperſent dans les airs en troublent la température, en corrompent la maſſe & lui impriment des qualités mortelles. Ces ſemences meurtriéres ſe répandent enſuite de toutes parts, ſoit qu'elles ſoient entraînées dans les airs par les nues, ſoit qu'elles s'élevent du ſein de la terre putréfiée par l'action des pluies trop abondantes & par la chaleur du ſoleil. Nous voyons auſſi que le changement de climat, d'air ou de nourriture rend malades ceux qui font accoutumés à vivre longtemps fous un même ciel, parce que le nouvel air qu'on respire est fort différent de l'air natal. Quelle différence n'y a-t-il pas entre le climat de la Grande-Bretagne & celui de l'Egypte, si éloigné des pôles du monde? Quelle différence encore du pays qu'habitent les peuples du Pont-Euxin, à ceux des peuples de Gadès & à ces Ethiopiens qui vivent fous un ciel brûlant. Non feulement ces climats different par les quatre vents principaux dont ils reffentent les agitations & les quatre points oppofés du ciel, mais les hommes font encore différents par la couleur & la forme de leur vifage. En général tous les peuples font fujets à des maladies & à des infirmités qui font particulieres à leur climats.

La lepre ne vient que dans l'Egypte, le long des bords du Nil; elle n'eft point connue dans d'autres contrées: les peuples de l'Attique font fujets aux maux de la goutte, les maladies des yeux font affez ordinaires fur les frontieres de l'Achaïe; chaque pays est contraire à de certaines parties, à de certains membres du corps humain, la différence des climats en est la cause.

D'ailleurs, lorsqu'un ciel qui nous est étranger vient à se troubler, & qu'un air chargé de vapeurs malignes s'y glisse, il le pénètre peu-à-peu comme la nue ou le brouillard; & dans tous les lieux où il passe, il agite, il trouble, il altere l'air qu'il rencontre, & pénétrant enfin jusqu'à celui que nous respirons, il le corrompt & en s'y mêlant, il le rend entiérement semblable à lui. Alors la contagion devient universelle; ces vapeurs pestilentielles tombent dans les eaux, se jettent sur les moissons, corrompent les aliments qui sont nécessaires à la nourriture des hommes & des animaux; quelquefois encore elles demeurent suspendues dans l'air sans en être moins dangereuses, parce qu'étant obligés de le respirer avec celui qui nous est naturel, nous attirons au-dedans de nos corps le poison dangereux de ces vapeurs malignes. C'est par cette raison que la peste attaque souvent les bœufs & les brebis; mais il est indifférent pour le temps de notre destruction que nous allions dans des climats qui nous sont contraires, ou que nous changions de ciel, ou qu'un air corrompu vienne tout-à-coup se mêler au nôtre, ou qu'elle arrive par quelqu'atteinte imprévue & extraordinaire.

Une cause semblable de maladies, une peste meurtriere répandit autrefois toutes les horreurs de la mort la plus cruelle sur le peuple d'Athenes. La ville fut dépeuplée de citoyens, les chemins, les campagnes furent déserts; & l'on ne vit de toutes parts que les marques de la plus affreuse solitude. Ce fléau contagieux s'étant élevé vers les frontieres de l'Egypte, où il avoit d'abord pris naissance, répandit son poison dans les airs; & après avoir parcouru de vastes espaces & traversé des mers considérables, il se fixa sur le pays des Athéniens : tous ceux qui eurent le malheur d'en être attaqués, moururent en foule. D'abord la tête se trouvoit embrasée d'une ardeur brûlante, les yeux étoient rouges & enflammés, un sang noirâtre remplissoit le dedans de la gorge, des ulceres putrides bouchoient tous les passages de la voix; la langue, cette interprête de l'ame & de la pensée, chargée d'un sang corrompu, affoiblie par la douleur, étoit très-rude au toucher, & ne s'exprimoit qu'avec beaucoup de pesanteur : mais dès que ce funeste poison étoit descendu de la gorge dans la poitrine; dès qu'il avoit attaqué le cœur, tous les liens, tous les mouvements de la vie, menaçoient d'une ruine prochaine. Le malade exhaloit par la bouche une puanteur horrible, semblable à celle qui sort des cadavres les plus infects. Toutes les facultés de l'ame & de l'esprit étoient affoiblies, & n'avoient plus aucune action; le corps étoit dans un tel état de langueur, qu'il regardoit la mort comme un bien desirable; une douleur inquiete, des plaintes continuelles, mêlées à de tristes gémissements, accompagnoient ces maux insupportables; des sanglots redoublés pendant le jour & la nuit sans aucune interruption, imprimoient à la fin à leurs membres des mouvements convulsifs, épuisoient leurs forces & ajoutoient tous les jours à leurs maux de nouvelles douleurs. Les extrêmités de leur corp ne faifoient point voir au dehors l'ardeur exceffive dont étoient confumées les parties du dedans, elles ne donnoient qu'une chaleur tempérée en les touchant avec la main ; mais l'intérieur de ces parties étoit confumé par des ulceres brûlants, comme quand le feu qu'on appelle facré, fe répand dans toutes les parties du corps ; une flamme brûlante, paffant des vifceres dans la poitrine, pénétroit jufques aux os ; l'eftomac de ces malheureux étoit comme une fournaife ardente, & la chaleur qu'ils reffentoient dans leurs entrailles, étoit fi cuifante que les vêtements même les plus légers leur étoient infupportables. C'étoit en vain que pour calmer leur ardeur, ils s'expofoient au vent, au froid : plufieurs d'entr'eux fe plongeoient nuds dans l'eau des rivieres ; d'autres trop preffés par les excès de leur foif, fe précipitoient dans les puits où ils venoient pour fe rafraîchir : la foif dont leurs corps defféchés étoient confumés, étoit fi exceffive que toute l'eau des fleuves n'auroit pas plus fervi à l'étancher qu'une feule goutte d'eau. Jamais il n'y avoit à leurs douleurs un inftant de relâche ; ils se jettoient par terre accablés par la lassitude : tout l'art des médecins leur étoit inutile. La nouveauté de cette maladie les avoit consternés à un tel point, qu'ils étoient dans une crainte muette. Ces malheureux passoient les nuits entieres sans pouvoir goûter un seul instant les douceurs du sommeil. Leurs yeux jettoient des regards étincelants ; ils donnoient encore beaucoup d'autres signes d'une mort cruelle & prochaine. Leur esprit étoit plongé dans les craintes & les allarmes ; ils avoient le sourcil froncé ; sur leur visage se peignoient tout-à-la-fois la tristesse & la fureur ; des tintements, des bourdonnements perpétuels se faisoient sans cesse entendre à leurs oreilles ; leur respiration tantôt étoit forte, d'autres fois foible ou fréquente ; une certaine sueur froide se remarquoit autour de leur cou ; des crachats âcres, purulents, de couleur de safran, ne sortoient qu'avec effort de leur gorge desséchée par une toux continuelle ; les nerfs de leurs mains paroissoient se roidir & se retirer ; tous leurs membres frissonnoient ; un froid glacé, avant-coureur de la mort, gagnoit infenfiblement depuis les pieds jufques aux autres parties du corps. Enfin la derniere heure du malade étant arrivée, fes narrines fe referroient, fon nez en s'allongeant devenoit plus pointu, fes yeux s'enfonçoient dans la tête, fes tempes fe creufoient, la peau fe referroit & devenoit froide & dure; fa bouche s'ouvroit d'une maniere horrible; fon front s'étendoit, & bientôt une mort trifte & cruelle en s'emparant de tous fes membres, le laiffoit étendu de fon long fur la terre.

La plus grande partie périffoit le huitieme jour, l'autre ne mouroit que le neuvieme; fi quelques-uns d'eux, comme cela arrivoit quelquefois, échappoient à la fureur de cette cruelle maladie, leurs corps reftoient tout couverts d'ulceres virulents, ils confervoient un flux de ventre continuel d'une matiere noire & corrompue, des douleurs de tête violentes les tourmentoient & un fang noirâtre & pourri découlant avec abondance de leurs narines, épuifoit leurs forces & les forçoit bientôt après à fuccomber à leur foibleffe. Ceux qui pouvoient se garantir de répandre un sang noirâtre, ne pouvoient empêcher néanmoins que le venin de la maladie n'attaquât leurs nerfs & ne pénétrât jusqu'aux parties de la génération ; d'autres qui avoient la mort en horreur, cherchoient à prolonger leurs jours en se retranchant avec le fer les parties gangrenées de leur sexe : les uns ne conservoient la vie qu'en se privant de leurs mains ou de leurs pieds ; ceux-ci que par la perte de leurs yeux & de la douce lumiere du jour : tant la crainte redoutable de la mort faisoit une impression terrible sur leurs esprits. Plusieurs avoient tellement perdu la mémoire des choses passées qu'ils ne pouvoient se reconnoître eux-mêmes.

On voyoit de côté & d'autre des monceaux de corps morts entassés pêle-mêle les uns sur les autres sans sépulture ; les corbeaux, les oiseaux de proie, les animaux les plus carnassiers fuyoient bien loin, pour éviter la puanteur de ces cadavres infectés, ou si par malheur une faim pressante les forçoit d'en approcher, une mort cruelle étoit la suite infaillible de leur avidité. Aucun oiseau n'osoit paroître durant le jour, aucune bête sauvage n'osoit quitter les forêts pendant le silence de la nuit. Obligée de respirer un air empesté, la plus grande partie des animaux menoit une vie triste & languissante qui bientôt étoit suivie de la mort. Les chiens sur-tout n'avoient plus ni force ni vigueur, on les voyoit étendus dans le milieu des rues, expirants de l'excès des maux que ce poison mortel leur faisoit souffrir. L'on voyoit aussi par-tout sans suite & sans pompe de tristes funérailles. On n'avoit point encore trouvé aucun remede assuré & qui pût convenir à tout le monde. Ce qui étoit salutaire aux uns, étoit mortel aux autres. Mais ce qu'il y avoit encore de plus cruel & de plus affreux parmi tant de maux, c'est qu'aussitôt qu'on étoit frappé de cette maladie, on se prononçoit soi-même l'arrêt de sa mort, on n'avoit plus aucune espérance, on étoit plongé dans la tristesse & l'abattement & en regardant avec un œil de compassion les funérailles des autres, on voyoit bien qu'on n'étoit pas éloigné des siennes, souvent on perdoit

la

la vie dans le même lieu où l'on avoit respiré le poison de la mort.

La contagion en se multipliant devenoit de jour en jour plus considérable, une mort étoit toujours suivie d'une autre mort. Ce poison meurtrier ne cessoit d'exercer son action. Ceux qui par amour pour la vie & par l'horreur de la mort craignoient de s'approcher des malades, & négligeoient leurs propres parents, leurs meilleurs amis en étoient bientôt punis par une mort honteuse & misérable; on avoit pour eux la même dureté, on les abandonnoit à leur tour & ils périssoient sans aucun secours, comme s'ils n'eussent été que de simples animaux, ceux même que la compassion portoit à secourir les pestiférés, périssoient ou de la même maladie, ou des excès de fatigue qu'ils se donoient, soit que la honte les y contraignît, soit qu'ils y fussent portés par les cris plaintifs des mourants & par leurs gémissements mêlés de reproches: tous les gens de bien étoient donc exposés à périr de ce genre de mort; en s'empressant de rendre à leurs amis les derniers devoirs, ils ne rapportoient que

Tome II.

des plaintes & des pleurs; auſſi la plûpart de ces vertueux citoyens, quand ils étoient de retour chez eux, ſe jettoient dans leur lit, tant ils étoient accablés par la douleur & la fatigue; l'on ne trouvoit dans ce temps de déſolation générale aucun homme qui ne fût ou malade, ou dans la triſteſſe, ou dans les bras de la mort.

Ce fléau ne regnoit pas moins dans les campagnes que dans les villes; les bergers, les gardiens des troupeaux, les laboureurs robuſtes périſſoient de langueur dans leurs triſtes cabanes, & comme ſi la peſte n'eut pas été un mal aſſez redoutable, ils ſouffroient encore toutes les rigueurs de la miſere & de la pauvreté. Tout n'offroit que le plus triſte ſpectacle, on voyoit les peres privés de la vie, étendus ſur le corps de leurs enfants expirants, & quelquefois les enfants rendoient leurs derniers ſoupirs ſur les corps morts de leurs pere & mere.

La contagion augmentoit dans la ville par l'affluence des peſtiférés de la campagne qui s'y rendoient de toutes parts; tous les lieux, toutes les maiſons en étoient remplies juſqu'au comble; & plus ces malheureux étoient en grand nombre dans un même endroit; plus la mort en faisoit un cruel ravage. Plusieurs épuisés par une soif cuisante se traînoient avec peine dans les chemins, où ils périssoient ne pouvant aller plus avant. Ceux qui parvenoient jusqu'aux bords des fontaines, y puisoient la mort avec la fraîcheur de l'eau, & l'on voyoit tout auprès leurs corps étendus. Toutes les places publiques, toutes les rues de la ville ne présentoient que des malheureux épars dont les corps à demi morts n'étaloient que la misere la plus dégoûtante, ils exhaloient une puanteur extrême par les ulceres purulents & les haillons pourris dont leurs corps étoient couverts, leur peau brûlée & desséchée jusqu'aux os par l'ardeur dont ils étoient consumés, paroissoit à peine par la quantité de plaies & de pus dont elle étoit chargée. Enfin, les temples des Dieux étoient remplis de corps morts & de cadavres; en vain la piété avoit regardé ces lieux sacrés comme un refuge assuré pour les pestiférés; car on s'embarrassoit peu alors du refpect qu'on doit aux Dieux & à la religion, la douleur présente l'avoit emporté sur la crainte. La coutume où étoient les Athéniens d'ensévelir leurs morts avec pompe, n'étoit plus observée ; tout étoit dans la confusion & le désordre, tout se faisoit à la hâte & sans soin, on donnoit la sépulture à ses parents du mieux qu'on pouvoit : plusieurs même contraints par la nécessité & la misere commirent des actions indignes, car ils jettoient en poussant de grands cris, leurs parents sur des bûchers qui étoient dressés pour d'autres, ensuite ils y mettoient le feu, non sans avoir essuyé de vives querelles à cette occasion, mais souvent ils aimoient mieux s'exposer à répandre leur sang, que d'abandonner les corps morts de leurs peres ou de leurs amis, avant de leur avoir rendu les derniers devoirs.

Fin du sixieme & dernier Livre.

www.ingramcontent.com/pod-product-compliance
Lightning Source LLC
Chambersburg PA
CBHW070927230426
43666CB00011B/2339